Thomas Schäfer

Bildersprache Astrologie

Thomas Schäfer

Bildersprache Astrologie

Edition Astrodata

Umschlag: Image Bank, Zürich
Satz: Noriam, Lostorf/Olten
Druck: Gasser Druck, Chur

ISBN 3-907029-17-8

Inhalt

Danksagung

Besonderen Dank schulde ich
dem kürzlich verstorbenen Dr. Wilhelm Moufang.
Er überließ mir unter anderem seine astrologische Bibliothek.
Die ausgewählten Sprichwörter zu den Tierkreiszeichen
wurden zum überwiegenden Teil von Dr. Moufang zugeordnet.
Herzlich danken möchte ich auch
Doesjka Blaschkowski und Carsten Krause-Leipolt
für die Durchsicht des Manuskripts.

Einführung

Auf anschauliche Weise will dieses Buch in die Bedeutung der Tierkreiszeichen und Planeten einführen. Das Wort «Zodiak», das oft für den Tierkreis verwendet wird, kommt denn auch nicht von *zoon* (Tier), sondern von *zodion* (Bild). Und in der Tat haben wir es bei den Tierkreiszeichen mit einem Bilderkreis zu tun, denn nur sieben der zwölf Zeichen stellen Tiere dar. Gemeinsam ist all diesen Bildern aber, daß sie ihre Wurzeln in der Mythologie haben. Auf möglichst einfache Weise wollten unsere Vorfahren psychologische und spirituelle Wahrheiten vermitteln. Da man damals sehr viel mehr in Bildern und Gleichnissen dachte als heute, bereitet uns die Enträtselung der einzelnen Mythen gerade wegen ihrer Einfachheit oft Probleme. Entschlüsseln können wir diese Bildergeschichten jedoch nur, wenn wir auf eine rein intellektuelle Analyse verzichten und statt dessen unseren eigenen Assoziationen vertrauen. Tief in uns sind nämlich dieselben Archetypen wirksam, die schon unsere Ahnen dazu veranlaßten, ernste und heitere Mythen zu ersinnen.

Was die Anwendung der Astrologie betrifft, so mag die folgende Behauptung manchen erstaunen: Planeten und Tierkreiszeichen beeinflussen unser Leben in keiner Weise. Dem am Himmel sichtbaren Jupiter ist es beispielsweise völlig gleichgültig, ob es uns gut oder schlecht geht. Sinnbildlich allerdings stehen die Planeten und Tierkreiszeichen für Aufgaben, die für jeden von uns aktuell sind. Der Zusammenhang zwischen Mensch und Kosmos ist somit ausschließlich symbolischer Natur.

Die astrologischen Konstellationen selbst sind nur Ausdruck einer noch umfassenderen universalen Gesetzmäßigkeit. So wie unsere Armbanduhr das Phänomen der Zeit nicht verursacht, sondern nur ihren Ablauf mißt, so haben auch planetarische Stellungen lediglich hinweisenden Charakter. Im Gegensatz zur Uhr kann jedoch die Astrologie die Zeit bildhaft, also qualitativ, erfassen. Wir erleben die Zeit im täglichen Leben recht unterschiedlich und wissen, daß eine Minute sehr kurz oder auch sehr lang sein kann. Auf dem Stuhl des Zahnarztes kommt sie uns wie eine Ewigkeit vor, doch wenn wir in den Armen eines geliebten Menschen liegen, scheint sie im Eiltempo zu vergehen.

Das Horoskop «mißt» nun bis zu einem gewissen Grad die Zeitqualität unseres Lebens. Wie wir mit dieser symbolischen Struktur umgehen, hängt allein von unserem freien Willen ab. Diesem freien Willen entsprechen wir aber letztlich nur dann, wenn wir freiwillig das tun, was unser höheres Bewußtsein von uns verlangt. Albert Einstein, auf den wir im Kapitel über das Tierkreiszeichen Fische zurückkommen werden, drückte es noch etwas krasser aus: «Ein Mensch kann zwar tun, was er will, aber nicht wollen, was er will.»[1] Die Astrologie hingegen kann aufzeigen, was wir «wollen» sollten. Verwirklichen wir vorwiegend die ungünstigen, problematischen Entsprechungen eines astrologischen Prinzips, werden wir auf die Dauer seelisch unbefriedigt bleiben. Im Gegensatz zu dem zitierten Ausspruch Einsteins muß man feststellen, daß viele Menschen gar nicht wissen, was sie wollen, und daher dringend Orientierungshilfen benötigen.

Wenn wir die Astrologie auch in Anspruch nehmen dürfen, um nützliche Hinweise zu erhalten, so müssen wir uns doch davor hüten, sie als Sündenbock zu mißbrauchen. Da sämtliche astrologischen Konstellationen ausschließlich wertneutrale Strukturen widerspiegeln, gibt es keine «schlechten» Horoskope. Niemand darf die kosmischen Zusammenhänge für mißliche Lebensumstände verantwortlich machen, denn Leid kann immer nur dann entstehen, wenn der Mensch sich weigert, seine Lebensaufgabe anzunehmen. Auf diesen Umstand verweist auch ein Satz aus dem Skakespeare-Stück *«Ende gut – alles gut»*: «... nur dem Trägen, dem Willenlosen stellt sich der Himmel entgegen.»

In den folgenden Kapiteln über die Tierkreiszeichen und Planeten werden die Chancen ebenso wie die typischen Probleme der einzelnen Prinzipien dargestellt. Als Ausgangspunkt dienen uns dabei verschiedene Mythen. So begegnen wir etwa dem Thema der Ich-Gespaltenheit in babylonischen (Gilgamesch und Enkidu), nordeuropäischen (Baldur und Hödur), römischen (Romulus und Remus) und auch biblischen (Kain und Abel, Jakob und Esau) Zwillings- und Brüderlegenden. Ein Mensch benötigt hier jeweils einen Gegenpol. Auch Goethes Ausspruch von den «zwei Seelen, ach, in meiner Brust» spielt auf das Tierkreiszeichen Zwillinge an, in dem eine Doppelnatur zum Ausdruck kommt. Ähnlich symbolisieren auch alle anderen Tierkreiszeichen und Planeten archetypische Probleme.

Bei der Wiedergabe der Mythen[2] wurde vorwiegend auf griechische Darstellungen zurückgegriffen, weil unsere heutige europäische Astrologie von ihnen am nachhaltigsten inspiriert wurde. Es versteht sich dabei von selbst, daß meine Deutungen keinen Anspruch auf Objektivität erheben können. Psychologische, astrologische und auch mythologische Interpretationen erfolgen zwangsläufig von einem subjektiven Standpunkt. «Beweisen» lassen sich sinnbildliche Zusammenhänge ohnehin kaum. Der Leser kann am meisten für sich selbst gewinnen, wenn er sich den Schilderungen einfach unbefangen öffnet und sie mit seinen eigenen Assoziationen verknüpft. Diese sind, subjektiv gesehen, ebenso richtig wie die im Folgenden wiedergegebenen. Allerdings soll damit keineswegs gesagt sein, die Mythen seien willkürlich interpretierbar. Auch wenn man bei Details der Deutungen durchaus verschiedener Meinung sein kann, so weisen doch beispielsweise alle Zwillingslegenden auf die Doppelnatur des Menschen hin.

In diesem Buch wird immer der dem jeweils behandelten Tierkreiszeichen oder Symbol entsprechende menschliche «Idealtypus» geschildert, der in solch «reiner» und deutlich ausgeprägter Form in der komplexen Realität des Lebens kaum angetroffen werden kann. Wir alle werden von verschiedenen Prinzipien unterschiedlich stark beeinflußt und sind folglich «Mischtypen».

Ordnet man die zwölf Tierkreiszeichen nach Maßgabe der vier Elemente, so ergibt sich folgende Anordnung:

- Feuer: Widder, Löwe und Schütze
- Erde: Stier, Jungfrau und Steinbock
- Luft: Zwillinge, Waage und Wassermann
- Wasser: Krebs, Skorpion und Fische

Von alters her werden die vier Elemente mit den vier Temperamenten in Verbindung gebracht:

- Feuer: begeisterungsfähig, dynamisch, aufbrausend
- Erde: geduldig, erdverbunden, beharrlich
- Luft: sanguinisch, heiter beschwingt, kommunikativ
- Wasser: gefühlsbetont, empfindsam

Bevor wir uns jedoch der astrologischen Praxis zuwenden, wollen wir den Leser mit einigen astronomischen Grundlagen vertraut machen. Stellen wir uns einmal vor, wir betreten einen weißgestrichenen, halbkugelförmigen Raum – etwa ein Iglu –, in dessen Mitte von der Decke eine Glühlampe herunterhängt. Diese Lampe (sie steht für die Sonne) befindet sich ungefähr auf Augenhöhe. Ferner wird der Raum, ebenfalls auf Augenhöhe, den Wänden entlang von einem etwa einen halben Meter breiten schwarzen Tapetenstreifen durchzogen, der mit Markierungen in zwölf gleich große Abschnitte eingeteilt wurde (sie stehen für die zwölf Tierkreiszeichen, 12 x 30° = 360°). Wenn wir nun, den Blick zur Zimmermitte gewendet, mit zwölf großen Schritten den Raum – entlang der Wand – einmal umrunden, befindet sich die Glühbirne aus unserer Sicht immer vor einem anderen Abschnitt des schwarzen Tapetenstreifens – vor demjenigen nämlich, der uns gerade gegenüberliegt.

Unsere zwölf Riesenschritte entsprechen also einem Jahr, den zwölf Monaten zu je dreißig Tagen also, die die Erde benötigt, um die Sonne (Glühbirne) einmal zu umrunden. Der Tierkreis[3] ist demnach nichts anderes, als die in zwölf gleiche Teile gegliederte Bahn der Erde um die Sonne. Nach genau einem Jahr befindet sich die Erde wieder an derselben Stelle.

Den Anfang des Tierkreises bezeichnet der sogenannte «Frühlingspunkt» (0° Widder).Wenn am 21. März Tag und Nacht gleich lang sind, beginnt das Tierkreiszeichen Widder, das bedeutet: Von der Erde aus gesehen bewegt sich die Sonne in das Tierkreiszeichen Widder hinein, um es in ungefähr dreißig Tagen (einem Zwölftel des Jahres) zu durchlaufen. Mit anderen Worten: Die Sonne wird während dieser dreißig Tage vor dem Hintergrund des Feuerzeichens Widder wahrgenommen. Wer in dieser Zeit auf die Welt kommt, gehört zu «den Widdern». Und genau wie die Sonne werden auch die Planeten dem jeweiligen Abschnitt am Himmel zugeordnet, vor dem sie zu einem bestimmten Zeitpunkt erscheinen.

Wer jedoch «ein Widder» ist, oder «die Sonne im Widder hat», kann trotzdem beispielsweise den Mond oder die Venus in den Fischen haben, je nach dem Stand der einzelnen Planeten; damit entspricht er aber nicht mehr dem «typschen» Widder. Gerade bei Frauen ist der Mondstand oft genauso wichtig wie der Sonnenstand – manchmal sogar wichtiger.

Auch den Stand des Aszendenten darf man nicht unterschätzen. Die Erde dreht sich bei ihrer Wanderung um die Sonne täglich einmal um die eigene Achse; auf diese Weise kommen Tag und Nacht zustande, und im Osten tauchen am Horizont – diesen Punkt nennen die Astrologen «Aszendent» – einmal pro Tag alle zehn Planeten auf. Im Horoskop eines Menschen, der beispielsweise Ende März gerade bei Sonnenaufgang geboren wurde, befindet sich die Sonne am Aszendenten. Da mit der Sonne auch das Zeichen Widder dort erscheint, ist das entsprechende astrologische Prinzip doppelt betont; befindet sich gleichzeitig auch der Mond am

Aszendenten, so wird der Betreffende das haben, was im Volksmund «Mondgesicht» heißt, und sein Verhalten wird feminine Züge aufweisen.

Der Astrologe muß bei einer in die Tiefe gehenden Horoskopdeutung jedoch nicht nur Aszendent-, Sonne- und Mondstand, sondern auch die jeweilige Sellung der übrigen acht Planeten berücksichtigen. Alle Planeten symbolisieren psychische Grundfunktionen des Menschen, während die Tierkreiszeichen auf allgemeinere Lebensmuster verweisen.

Aus den genannten Gründen sollte man sich nicht verleiten lassen, das gesamte Potential einer Person auf die nun folgende Charakterisierung der Zeichen und Planeten reduzieren zu wollen. Aber noch ein weiterer triftiger Grund fällt hier ins Gewicht: Das Niveau eines Menschen ist durch die Astrologie allein niemals feststellbar. Wie schon erwähnt, liegt es ganz bei uns, auf welche Weise wir unser Horoskop verwirklichen.

Die zwölf Tierkreiszeichen

♈

Widder

Um den 21. März jeden Jahres tritt die Sonne in das Tierkreiszeichen Widder ein. Tag und Nacht sind zu diesem Zeitpunkt gleich lang. Ab jetzt jedoch zeichnet sich mit jedem Tag der Sieg des Lichtes über die Dunkelheit deutlicher ab: die Tage werden immer länger. Den Punkt 0° Widder, der etwa am 21. März von der Sonne erreicht wird, bezeichnet man als «Frühlingspunkt». An dieser Stelle beginnt die Sonne ihre Wanderung durch den Tierkreis. Nicht nur in der Natur markiert der Frühlingsanfang einen Aufbruch, auch der Mensch wird durch die von Tag zu Tag länger am Himmel sichtbare Sonne aktiviert.

Der Punkt 0° Widder bezeichnet das Ende der Herrschaft der Finsternis. Das Dunkle muß dem Hellen weichen. Die Schatten des Winters werden noch heute an vielen Orten mit «Frühlingsfeuern» ausgetrieben; das Alte und Vergangene wird dabei symbolisch verbrannt. In Nordeuropa feierte man in früheren Zeiten das Fest der germanischen Göttin Ostara, die die dunkle Unterwelt besiegte. Das christliche Osterfest geht in seiner Namensgebung vermutlich auf diese Göttin zurück. Ostern wird immer an dem Sonntag begangen, der auf den ersten Frühlingsvollmond folgt. Mit dem christlichen Glauben hat es jedoch nichts zu tun, wenn wir anläßlich dieses Festes für unsere Kinder Eier im Gras verstecken, vielmehr handelt es sich um ein Relikt aus vorchristlicher Zeit. Gibt es ein trefflicheres Symbol für den Sieg des Lebens und des Lichtes als das Ei? Das Ei verkörpert in vollkommener Weise den Beginn des Lebens.

Für den Triumph des Lichtes wurden in vielen Kulturen symbolische Opfer dargebracht. Die Juden opferten früher im Nisan (Frühlingsmonat) ein Lamm oder einen Widder (männliches Schaf), Christen kennen das «Osterlamm». Das Fest der Erinnerung an Jesu Opfertod fällt wohl kaum zufällig in die Nähe des Frühlingsbeginns, wenn die Sonne im Widder steht. Auf allen Ebenen symbolisiert Widder einen Neubeginn. So sehen die Christen in der Kreuzigung und Auferstehung Jesu einen neuen Anfang für die ganze Menschheit.

Sehr deutlich ist der Impuls zur Manifestation im Widder-Symbol zu erkennen: von unten strebt die Kraft nach oben, um den Raum zu erobern.

Vielerlei Hinweise auf die Bedeutung der Tierkreiszeichen finden wir in der Sagenwelt, insbesondere der griechischen. Zunächst wollen wir uns mit der Phrixos-Sage beschäftigen. Auch hier spielt das Motiv des Opfers eine zentrale Rolle.

Der Knabe Phrixos und seine Schwester Helle waren Kinder der himmlischen Mutter Nephele, die sie abgöttisch liebte. Doch Ino, die irdische Stiefmutter der Kinder, verfolgte die beiden mit bitterem Haß und trachtete ihnen bei jeder Gelegenheit nach dem Leben. Schließlich ersann Ino einen heimtückischen Plan: Sie überredete die Frauen des Landes, das für die Aussaat bestimmte Korn zu rösten. Es verfaulte natürlich, nachdem es ausgesät worden war; es gab nichts zu ernten, und eine Hungersnot brach aus. Nun bestach Ino die Boten des Orakels zu Delphi, das um Rat gefragt werden sollte: Die Boten sollten verkünden, daß die Not erst dann beendet werden könne, wenn ein «Struppiger» (griechisch *«phrixos»)* auf dem Altar geopfert werde.

Damals war es üblich, junge, «struppige» Widder zu opfern. Doch aufgrund von Inos Ränken wurde das Orakel diesmal so ausgelegt, daß die außerordentlichen Umstände es verlangten, einen «struppigen Menschen» als Opfer darzubringen. Und damit konnte nur Phrixos gemeint sein.

Widder

Als der Knabe Phrixos schon gefesselt und geknebelt auf dem Altar lag, schwebte plötzlich seine göttliche Mutter Nephele aus den Wolken herab. Sie hatte einen goldglänzenden Widder bei sich, der reden konnte wie ein Mensch. Auf diesem Widder entflohen Phrixos und seine Schwester Helle durch die Lüfte. Als jedoch der Widder über jene Meerenge flog, die Europa von Asien trennt, stürzte Helle vom Rücken des Tieres in die Wogen hinab und kam dabei ums Leben. Noch heute nennen wir diesen Ort «Hellespont».

An dieser Stelle der Erzählung wollen wir innehalten und uns nach der symbolischen Bedeutung des Geschehens fragen. Der fliegende Widder stellt zweifellos die letzte Energiereserve des Menschen dar, eine Art von Notwehrkraft, die in sehr kritischen Situationen aktiviert werden kann. Woher kommt diese Kraft? Da der Widder von der göttlichen Mutter geschickt wurde, handelt es sich um den göttlichen Funken, der in jedem von uns verborgen ist. Wer hätte nicht schon von den außerordentlichen Leistungen gehört, zu denen etwa ertrinkende oder in anderen lebensgefährlichen Lagen befindliche Menschen fähig sind? Wenn unser Wille zum Überleben stark genug ist, dann steuert das innere göttliche Ich jenes Quantum Energie bei, das unter normalen Bedingungen nicht verfügbar ist.

Der fliegende Widder versinnbildlicht den Drang des Menschen nach Freiheit und Unabhängigkeit, manchmal auch nach Schrankenlosigkeit. Das Widder-Prinzip erinnert uns an die Fähigkeit eines Baron von Münchhausen, sich am eigenen Schopf aus dem Sumpf zu ziehen. Auf den Willen allein kommt es an. Allerdings kann bei diesen männlichen Kraftakten die weibliche Seite im Menschen verlorengehen, und genau das wird mit Helles Sturz veranschaulicht.

Wie der Psychotherapeut Roberto Sicuteri[4] richtig bemerkte, versinnbildlicht Helle die Anima des Phrixos und damit den weiblichen Seelenanteil eines jedes Mannes. So können wir denn auch nachvollziehen, warum Menschen, deren Horoskop eine Betonung des Zeichens Widder aufweist – etwa durch Mond, Merkur und Venus oder auch Sonne und Aszendent –, häufig Probleme mit ihrer weiblichen Seite haben. Sie müssen lernen, das Urweibliche in sich zu akzeptieren. Derbe und allzu «männliche» Verhaltensweisen zeigen nicht nur einen Mangel an Takt und Feingefühl, sondern deuten auch auf die Notwendigkeit hin, sich mit seinem weiblichen Seelenanteil auszusöhnen.

Doch kehren wir zu unserer Sage zurück. Nach dem Verlust Helles sprach der Widder dem Phrixos Mut zu, und sie flogen weiter über das

Schwarze Meer bis zum Mündungsgebiet des Flusses Phasos. Dort landeten sie in Kolchis und wurden von König Aietes willkommen geheißen. Doch dann geschah etwas sehr Unerwartetes: Der heldenhafte Widder sollte nach dem Ratschluß der Götter geopfert werden. Hier begegnet uns also das Osterlamm in anderer Gestalt wieder!

Für Phrixos bedeutete es ein großes Opfer, seinen Retter und Wohltäter zu töten, denn mit ihm opferte er zugleich sein durch den Verlust Helles vermännlichtes Ego. Doch Tod bedeutet immer auch Wiedergeburt auf einer anderen Ebene. Indem der Mensch seine spontanen männlichen Triebkräfte einem höheren Prinzip – in der Sage dem Willen der Götter – opfert, kann er nach dem «Tod» mit seiner Anima wiedervereinigt werden. Männliches und Weibliches werden auf diese Weise schließlich ins Gleichgewicht gebracht.

Im Tierkreis weisen die jeweils gegenüberliegenden Zeichen darauf hin, welche Elemente integriert werden müssen, will man Vollkommenheit erlangen, und dem Widder steht die Waage, das Symbol für Gleichgewicht und Ausgleich gegenüber.

Auch der Mythos von Atreus und Thyestes, den Söhnen des Königs Pelops, greift das Widder-Thema auf. Nach dem Mord an ihrem Bruder Chrysippos flohen Thyestes und Atreus auf eine fremde Burg. Als man für die Stadt Mykene einen neuen König suchte, befahl das Orakel, einen der Söhne des Pelops in dieses Amt zu berufen. Traditionsgemäß sollte immer derjenige rechtmäßiger Herrscher sein, der im Besitz eines goldenen Widders war.

Dieser Widder befand sich in der Herde des Atreus. Die Botschaft aus Mykene hatte aber unterdessen die Rivalität der Brüder angestachelt. Aerope, die Frau des Atreus, wurde von Thyestes verführt und stahl für ihn heimlich den Widder. Als es zur Königswahl kam, wurde der Streit zwischen den Brüdern immer heftiger. Schließlich wählten die Mykener Thyestes zum König, weil dieser das gestohlene Tier vorweisen konnte. Doch Zeus erinnerte schnell daran, daß man falsch gewählt hatte und einer List zum Opfer gefallen war. Er veränderte den Gang der Sonne, die nun im Westen auf- und im Osten unterging. Daraufhin verjagten die Mykener Thyestes und wählten Atreus zu ihrem König.

Doch auch nach der Krönung setzte sich die Fehde zwischen den Brüdern fort, und der eine ging gegen Familienangehörige des anderen gewaltsam vor; Thyestes verlor bei einer solchen Auseinandersetzung seine beiden Söhne. Seine einzige Tochter, Pelopia, schwängerte er unerkannt. Aus dieser Vereinigung ging ein Sohn hervor, der später seinen Vater rächte, indem er Atreus erschlug. Danach wurde Thyestes als König von Mykene eingesetzt.

Im Vordergrund dieses Mythos stehen rohe männliche Verhaltensweisen: Brudermord, Verführung der Ehefrau des Widersachers und Niedermetzelung von dessen Familienangehörigen. Das alles beherrschende Thema der Geschichte ist die Rivalität zweier Männer, die sich um jeden Preis durchsetzen wollen. Ohne Zweifel ist es das Feuerzeichen Widder, das Prinzip der energischen Durchsetzung, das durch das Tier im Mythos symbolisiert wird. In der ersten Hälfte der Erzählung ist der goldene Widder das Objekt der Auseinandersetzung. Wer ihn besitzt, soll König werden.

Daß es in diesem Widder-Mythos in der Tat um das Prinzip des kämpferischen Wettstreits geht, macht die Chronologie der Herrschaftswechsel noch einmal deutlich: Zuerst ist Atreus derjenige, dem die Königswürde zusteht, weil er den Widder besitzt, danach wird Thyestes durch den Diebstahl des Tieres zum Herrscher. Da Zeus jedoch dem Treiben nicht tatenlos zusehen kann, geht die Macht wieder auf Atreus über. Zum Schluß, nach der Ermordung des Atreus, erleben wir dann einen erneuten Thronwechsel zu Thyestes. In diesem Mythos haben wir es also ausschließlich mit negativen Widder-Entsprechungen zu tun. Neutral gesehen bedeutet Widder einfach den energischen Einsatz für ein Ziel. Die Wahl der Mittel ist ausschließlich eine Frage des Niveaus.

In Jasons Kampf um das goldene Vlies begegnen wir ebenfalls vielen Elementen des hier Skizzierten wider. Auf diesen Mythos soll aber nicht näher eingegangen werden.

Nach diesem mythologischen Streifzug wollen wir nun von der praktischen Seite her beschreiben, was eine übermäßige Betonung des Zeichens Widder im Horoskop bedeuten kann.

Vincent van Gogh (Sonne und Merkur im Widder/dominanter Mars) brachte in seinen Gemälden Widder-Typisches zum Ausdruck. Auch dem Laien fällt die grobflächige Malweise auf; oft scheinen die Bilder eher mit einem Spachtel als einem Pinsel gemalt worden zu sein. Mit der Wahl ursprünglicher Motive und durch die herbe Darstellungsart wollte van Gogh zum Bauern- und Volksmaler werden. Im folgenden Brief an seinen Bruder Theo fallen einige Vokabeln auf, die für einen Widder-Menschen typisch sind (hier kursiv gesetzt; die Hervorhebung des Wortes «Tun» allerdings stammt bezeichnenderweise von van Gogh selbst):

> Es ist mit dem Leben wie mit dem Zeichnen – man muß *schnell* und *entschlossen* handeln, die Sache *energisch* anpacken, dafür sorgen, daß die

großen Linien *blitzschnell* dastehen. Da ist *kein Zögern, kein Zweifel* am Platz; die Hand darf nicht zittern und das Auge nicht umherschweifen, sondern *fest* auf dasjenige gerichtet bleiben, was man vor sich hat. Und man muß darin so vertieft sein, daß in *kurzer Zeit* auf dem Blatt oder auf der Leinwand, wo zunächst nichts war, etwas zustande kommt und daß man später kaum noch versteht, wie man das *hingehauen* hat. Die Zeit des Berechnens und Nachdenkens muß dem *entschlossenen Handeln* vorausgehen. Beim *Tun* selbst ist wenig Raum zum Nachdenken und Berechnen.[5]

An anderer Stelle schrieb Vincent van Gogh, daß er mit «demselben wütenden Eifer» male, mit dem «ein Marseiller seine Bouillabaisse [Fischsuppe]» verschlinge[6]. Nach eigener Aussage wollte er in seinen Bildern den «Kampf des Lebens» zum Ausdruck bringen; in diesem Zusammenhang äußerte er sich über eine seiner Darstellungen, einen knorrigen Baum:

> ... weil ich versuchte, der Natur, die ich vor mir hatte, treu zu sein, ohne dabei zu philosophieren ... ist etwas von diesem großen Kampf hineingekommen.[7]

Abstrakt läßt sich Widder als Prinzip des Durchbruchs beschreiben. Stoßartig bricht sich die hier vorhandene Energie ihre Bahn. Zu den Widder-Charakteristika gehören Spontaneität, ungestümes Handeln, mangelnde Ausdauer, dafür aber effizienter kurzfristiger Einsatz von Energie, Ausrichtung an der Praxis, nicht an der Theorie, Wehrwille und Verteidigungsbereitschaft, Aggressionsfähigkeit, mangelndes Feingefühl; Wunschstreben, Willenskraft, Pioniergeist, Improvisationstalent und Optimismus.

Im Erotisch-Sexuellen ist häufig ein Mangel an Hingabefähigkeit zu erkennen. Da die verdrängte Weiblichkeit erst noch entdeckt werden muß, hat die Annäherung ans andere Geschlecht oft mehr Ähnlichkeiten mit einem «Feldzug», bei dem es um die Eroberung eines «Objekts» geht, als mit zärtlichem Liebeswerben. Dies gilt besonders für Männer, trifft aber auch auf einige Frauen zu. Unbewußt werden Passivität und Hingabe mit Schwäche gleichgesetzt. Dies kann dann zu einer Gefühlsblockade führen.

Die in der heutigen Gesellschaft immer wieder erhobene Forderung nach dem «neuen Mann» ist, astrologisch betrachtet, der Auftrag, das Widder-Prinzip zu transformieren. Attraktive junge Männer, die auf den Titelseiten von Illustrierten ihre Babys liebkosen, deuten die Wende des Zeitgeistes an.

Widder-Menschen haben des öfteren Probleme mit Vorgesetzten und Autoritäten; dies hängt mit dem lautstark proklamierten Recht auf Individualität und Selbstbehauptung zusammen. Die Integration in eine Gruppe und in die Gesellschaft kann schwierig sein; sie fällt dann etwas leichter, wenn der unruhige Pioniergeist in den Dienst einer sozialen Aufgabe gestellt werden kann. Einige der typischen psychologischen Probleme des Widder-Geborenen schildert der Psychoanalytiker Fritz Riemann:

> Einer bekam Angst- und Schwindelanfälle, wenn er Beifahrer in einem Auto war oder Karussell fuhr – abhängig vom fremden Willen, konnte er sich nicht vertrauend überlassen und bekam Angst, weil er das Geschehen nicht mit *seinem* Willen beeinflussen konnte. – Ohnmacht des Willens ist das Schlimmste, was dem Menschen hier passieren … kann. Daher neigt er zu allen möglichen Formen des Willenstrainings: ein Mann legte sich jedes Jahr einen Monat lang ein Rauchverbot auf – nicht aus Gesundheitsgründen oder Sparsamkeit, sondern lediglich, um sich zu beweisen, daß er es vermochte, auf das Rauchen zu verzichten, wenn er es wollte. – Ein anderer hatte ihm unverständliche Kontaktschwierigkeiten, bis er erkannte, daß er in jedem Menschen einen potentiellen Rivalen und Gegner sah …
>
> *(Hervorhebung von Fritz Riemann.)*[8]

Frauen, deren Horoskope von diesem Tierkreiszeichen geprägt sind, kollidieren oft mit geschlechtstypischen Verhaltensrollen. Die Neigung zu männlichen Handlungsmustern kann sie mit gesellschaftlichen Erwartungen in Konflikt bringen.

Der transformierte Widder-Mensch hat von dem gegenüberliegenden Tierkreiszeichen Waage gelernt, sich nicht blindlings in Abenteuer zu stürzen, sondern Risiken und Chancen rechtzeitig gegeneinander abzuwägen. Seinen bewunderungswürdigen Elan hat er dadurch nicht eingebüßt.

Zum Schluß jedes Kapitels sollen einige Sprichwörter zitiert werden, die entweder auf positive Bedeutungen des Zeichens verweisen oder aber vor typischen Fehlhaltungen warnen.

Sprichwörter

- *Dem Mutigen gehört die Welt.*
- *Wo ein Wille ist, ist auch ein Weg.*

- *Gefahr erhöht den Genuß.*
- *Wo gehobelt wird, fallen Späne.*
- *Wem Hörner wachsen, der will auch stoßen.*
- *Wenn dich Gott zum Widder geschaffen hat, so sei kein Schaf.*
- *Frisch gewagt ist halb gewonnen.*
- *Blinder Eifer schadet nur.*
- *In der Wut tut niemand gut.*

♉

Stier

Um den 21. April tritt die Sonne für dreißig Tage in das Tierkreiszeichen Stier ein. Wurde der Sieg des Lichts in Widder eingeleitet, so kommt im «Wonnemonat Mai» die wärmende Kraft der Sonne hinzu. Während dieser Zeit entfaltet sich das Pflanzenwachstum in üppiger Fülle. Die buntesten Wiesen sehen wir im Frühling, zur Stier-Zeit. Was in der Widder-Periode als Lebenskeim geboren wurde, will nun «Fett ansetzen». Gerade jetzt assimilieren die Pflanzen die Nährstoffe besonders schnell, um möglichst bald das Fortpflanzungsstadium zu erreichen.

Wie Widder zu den Feuerzeichen gehört, so ist Stier ein Erdzeichen. Sinnbildlich entsprechen ihm zum Beispiel fruchtbarer Ackerboden oder eine blühende Wiese. In früheren Zeiten war der Maßstab für den Reichtum einer Familie die Größe ihrer Rinderherde– und so ist es in einfacheren Kulturen zum Teil auch heute noch.

Das Zeichen Stier symbolisiert sowohl das materielle Prinzip als auch die Fruchtbarkeit der Schöpfung. An der Zahl der Kinder mißt man in vielen Entwicklungsländern bis heute den Wohlstand eines Ehepaares; die Kinder haben die moralische Verantwortung, den Lebensabend der Eltern abzusichern. Pflanzen beschleunigen ihr Wachstum, damit sie Früchte tragen und so den Fortbestand der Art gewährleisten können.

Wie wir noch sehen werden, besteht die Aufgabe im Zeichen Stier darin, das Streben nach Sicherheit und Besitz nicht zu verabsolutieren und sich davon nicht sklavisch bestimmen zu lassen.

Um tiefer in die Symbolik einzudringen, wollen wir uns nun wieder religiösen und mythologischen Bildern zuwenden. Im alten Ägypten entstand aus der Vereinigung von Osiris, dem Sonnengott, und Isis, der Mondgöttin, der heilige Stier Apis.

Der Kreis entspricht in der Astrologie der Sonne und der Halbkreis dem Mond. Setzt man den Halbkreis auf den Kreis, so entsteht das Symbol des Stier-Zeichens. Die Vereinigung dieser Symbole in einem Zeichen bedeutet fruchtbares Wachstum.

Im ägyptischen Memphis durfte der heilige Stier Apis nur von einer jungfräulichen Kuh geboren werden. Ein vom Mond herabkommender Lichtstrahl schwängerte sie. Nach der Geburt wurde der Apisstier von Tempelpriestern wie ein König verwöhnt und gepflegt. Er verkörperte für jeweils fünfundzwanzig Jahre die Fruchtbarkeit der Erde.

In Griechenland gibt es mehrere Sagen, die wir auf das Zeichen Stier beziehen können. Eine Erzählung berichtet von Europa, der Tochter des phönizischen Königs Agenor, die sich eines Tages mit ihren Gespielinnen auf einer blumenreichen Wiese vergnügte. Gottvater Zeus beobachtete sie vom Olymp aus und verliebte sich heftig in sie. Da er die Eifersucht seiner Gattin Hera fürchtete, nahm er die Gestalt eines schönen Stieres an. Sanften Schrittes ging er den Jungfrauen entgegen, die ihn liebevoll streichelten. Während Zeus dieses Spiel genoß, bestieg Europa sogar seinen Rükken und ließ sich von ihm auf der Wiese herumtragen, doch plötzlich eilte der Stier zum Meer und entführt seine süße Last nach Kreta. Dort an Land gegangen, zeigte er sich in seiner göttlichen Gestalt und vereinigte sich in drängender Begierde mit Europa.

Diese Geschichte bedarf wohl kaum einer Erläuterung. Ohne Umschweife wird das Stier-Prinzip als Wunsch nach Lustbefriedigung dargestellt. Noch bedeutsamer ist in diesem Zusammenhang jedoch die berühmte Sage vom Minotauros, die an obige Geschichte anknüpft.

Stier

Aus der Verbindung von Europa und Zeus entsprang ein Sohn namens Minos. Mit seinen jüngeren Brüdern mußte er um die Regentschaft streiten. Er bat den Gott Poseidon, einen weißen Stier erscheinen zu lassen, der seine Anwärterschaft auf den Thron bekräftigen sollte. Zum Dank dafür gelobte er, diesen dem Gott zu opfern. Als der Stier dann tatsächlich erschien, wurde Minos zum König ernannt. Wegen der Schönheit des Tieres opferte er es jedoch nicht, sondern schlachtete einen anderen, ähnlich aussehenden Stier. Poseidon aber bemerkte den Betrug sofort.

An dieser Stelle wollen wir kurz innehalten. Nachdem König Minos' Wunsch, den Thron zu besteigen, erfüllt ist, steigert sich seine Gier. Aus Besitzlust verweigert er Poseidon die Tötung des Bullen. Die Schönheit des Stiers blendet ihn. Man kann hier durchaus gewisse Parallelen zum biblischen «Tanz um das goldene Kalb» ziehen. Die Materie wird nicht Gott dargebracht, sondern angebetet. Damit hat König Minos, astrologisch gesprochen, ein typisches «Stier-Problem» ...

Im weiteren Verlauf der Geschichte will sich nun Poseidon an Minos rächen. Er sorgt dafür, daß dessen Gattin Pasiphaë heftige Liebe für den Stier empfindet. Im Verborgenen kommt es schließlich zur geschlechtlichen Vereinigung, und das Resultat ist der Minotauros, ein Ungeheuer, halb Tier und halb Mensch.Wenn der Mensch Gott nicht gibt, was ihm zusteht, so können wir folgern, dann kommt es zur Perversion. Der widernatürliche Beischlaf mit einem Tier symbolisiert die Selbsterniedrigung des Menschen. Die Gier nach Lust läßt ihn seine göttliche Natur vergessen: der Tiermensch wird geboren. Die falsche Verherrlichung weltlicher Ziele degradiert uns zu tierähnlichen Wesen.

Betrachten wir den Minotauros einmal näher: Die Sage berichtet, daß er ausschließlich frisches Fleisch von Jünglingen und Jungfrauen verzehrt. Der Minotauros – der in jedem von uns steckt – ist ein regelrechter Nimmersatt: Er ernährt sich dadurch, daß er unsere guten Anlagen («unschuldige Jünglinge und Jungfrauen») auffrißt.

Als weitere Erkenntnis aus der Sage können wir außerdem folgendes festhalten: Erst dadurch, daß König Minos in egoistischer Besitzgier den Stier für sich behält, kommt es für ihn und seine Frau zu negativen Folgen, denn zunächst hat er ihm ja sogar den Thron zu verdanken. Das Materielle, so will uns dies sagen, ist nicht von vorneherein negativ. Erst wenn wir die Materie zu «unserem Gott» machen und statt seiner sie «anbeten», kommt das Unglück über uns.

Soll man nun Lust und Besitzstreben grundsätzlich ablehnen? Mit Sicherheit wäre eine solche Unterdrückung der falsche Weg. Die Lösung besteht darin, solche Wünsche zwar als Teil seines Ichs zu akzeptieren, aber sich dennoch nicht zu ihrem Sklaven zu machen. Nicht jede Wunscherfüllung ist negativ, doch sollten wir uns bei solchen Gelegenheiten immer fragen, ob ein Nachgeben mit den kosmischen Prinzipien vereinbar ist. Unter Umständen kann es auch notwenig sein, bestimmte übertriebene Wünsche in sich absterben zu lassen, um sie in ein höheres Prinzip umwandeln zu können.

Bei diesem Prozeß sollte man sich natürlich nicht zu einem lebensverneinenden Asketen entwickeln. Wir dürfen den «Stier in uns» nicht einfach unterdrücken, indem wir all unsere Bedürfnisse kategorisch ablehnen – das wäre ein sicherer Weg zur Neurose. Wünsche müssen erkannt und akzeptiert werden, bevor man sie transformieren kann.

In der Sage finden wir den Lösungsweg auf sehr anschauliche Weise dargestellt. Der junge griechische Held Theseus wird zu Hilfe gerufen, damit er den Minotauros, der in ein tiefes und dunkles Labyrinth gesperrt worden ist, überwinde. Ariadne, die Tochter des König Minos, verliebt sich sofort in Theseus und gibt ihm ein Knäuel Wolle (den «Ariadnefaden»), damit er nach dem Kampf den Weg wieder zurückfinde und sich nicht verirre. Theseus tut, wie ihm geheißen, und tötet den Minotauros. Mit Hilfe des Fadens findet er wieder zur Helligkeit des Eingangs zurück.

Der Leser wird die Bedeutung der Symbole schon erahnen. Die tief ins Erdinnere führenden Gänge des Labyrinths entsprechen dem im Unterbewußtsein verborgenen Negativen der Psyche. Indem wir uns aber mit dem göttlichen Ursprung verbinden (durch den Faden), können wir gefahrlos den Kampf mit unseren unliebsamen Charakterzügen (Minotauros) aufnehmen. Nicht zufällig wird in der Geschichte der Faden von *oben,* vom Eingang (göttlicher Ursprung) aus abgewickelt, während der Held in die Tiefe hinabsteigt. Ebenfalls kein Zufall ist die Helligkeit am Eingang und die Dunkelheit im Labyrinth. In allen mythologischen Darstellungen entspricht das Licht dem «Guten» und das Dunkel dem «Bösen».

Nachdem wir uns nun mit einigen mythologischen Bildern vertraut gemacht haben, sind wir auf die allgemeine psychologische Charakterisierung des Stier-Typus vorbereitet.

Beim stiergeprägten Menschen geht es – ganz im Gegensatz zum Widder-Typus – zwar langsam und bedächtig, dafür aber meist gründlich zu. Er hat, wie man so sagt, «festen Boden unter den Füßen». Genau dies kann für ihn aber auch zum Handicap werden: Er ist oft wenig flexibel und kann sich schlecht von eingefahrenen Denkmustern lösen. Der Impuls zum Handeln stellt sich nicht von selbst ein, wie das bei Widder der Fall ist, sondern wird erst durch äußeren Widerstand hervorgerufen, der dem Betreffenden unangenehm ist und den er daher beseitigen will. Wie der träge Stier in der Arena braucht auch der stiergeprägte Mensch ein rotes Tuch, um «in Fahrt» zu komme... In der Regel dauert es jedoch ziemlich lange, bis er sich aus der Ruhe bringen läßt.

Und in «Ruhestellung» verleibt er sich alles ein, was ihm zur Bildung von Reserven wichtig erscheint. Ganz zwanglos lassen sich hier Parallelen zur Nährstoffassimilation der Pflanzen im Stier-Monat Mai ziehen. Materie zu besitzen, bedeutet für den Stier-Typus Sicherheit. Sicherheitsverlust aber kann ihn kopflos machen, seine normalerweise voraussagbaren Verhaltensweisen werden dann unberechenbar. Er legt eine für ihn völlig untypisch Aktivität an den Tag: unnachgiebig und stur sucht er sein gestörtes Sicherheitsempfinden wiederherzustellen. Dabei ist natürlich die Beurteilung dessen, was er als Sicherheit empfindet, völlig subjektiv. Die Angst vor dem Zufall und vor Unvorhergesehenem ist beim Stier-Menschen jedenfalls mitunter sehr groß. In solchen Situationen kann er ungewöhnlich hektisch wirken.

Dem Stier-Prinzip entspricht eine interessante Mischung aus Dickfelligkeit einerseits und sensibler Wahrnehmungsfähigkeit andererseits. Wie ist dieser scheinbare Widerspruch zu erklären? Solange der Mensch hat, was er «braucht», harrt er der Dinge in genießerischer Ruhe. Da er jedoch unbewußt den Entzug seiner Grundlagen befürchtet, schärft sich seine sinnliche Wahrnehmung unwillkürlich, um dieser Gefahr vorzubeugen.

Chaotische Situationen können oft heilsam sein, weil sie den Betreffenden aus seiner seelischen Lethargie aufrütteln. Statt festzuhalten (Stier-Prinzip), muß man lernen loszulassen: so wird es vielleicht möglich, auf einer anderen Ebene etwas Besseres zu erhalten (Skorpion-Prinzip). Das dem Stier im Tierkreis gegenüberliegende Zeichen Skorpion symbolisiert die rastlose Suche nach seelischer Tiefe.

Wie wir schon in den griechischen Sagen erfuhren, entspricht die sinnliche Wahrnehmung dem Stier-Prinzip; das gilt natürlich nicht nur im erotischen Bereich. Der oft warme Augenausdruck eines Menschen mit Stier-Aszendent kann tatsächlich an den sanftmütigen Blick einer Schweizer Bergkuh erinnern und zeugt von der sensuellen Empfänglichkeit dieses Typus. Seine herzliche Direktheit gibt anderen oft ein «erdnahes Gefühl»; im Kontakt mit Stier-Menschen haben wir häufig den Eindruck, wieder bei «Mutter Natur» zu sein. Das starke, sinnenhafte Erleben begünstigt hier nicht selten künstlerische Talente – so etwa in der Musik oder auch im kunstgewerblichen Bereich. Die Ausrichtung auf die sensuelle Wahrnehmung der Umwelt kann den Blickwinkel aber auch verengen. Sich einen überindividuellen Standpunkt zu erarbeiten, ist daher notwendig.

Im materiellen Bereich findet man oft den Genießer, der seine differenzierte Sinnlichkeit auslebt. Ein bekanntes Beispiel ist Richard Wagner[9], bei dem sogar die Farbe der Schlafzimmervorhänge zu der des Nachthemdes passen mußte. Allerdings kann man auch jenem Typus begegnen, der seine Wünsche vollständig verdrängt, weil er vor ihnen Angst hat, und befürchtet, von ihnen «aufgefressen» zu werden. Diesen letzteren Typus trifft man jedoch relativ selten an.

Nicht immer läuft das Stier-Prinzip auf Konservatismus, Traditionalismus und Angst vor neuen Ideen hinaus. Im Horoskop von Karl Marx finden wir Sonne, Mond und Venus in diesem Zeichen. Er entwarf eine Weltsicht, die fest auf einem materiellen Seinsverständnis basierte.

Stier-Menschen haben, je nach den individuellen Lebensumständen, die Möglichkeit, ihre Ideale zu «materialisieren» und zu konkretisieren. Trainiert werden sollte der Mut zum Risiko und zur Selbstverantwortlichkeit, damit man nicht im Ausdenken vorbeugender Sicherheitsmaßnahmen steckenbleibt.

Sprichwörter

- *Geld regiert die Welt.*
- *In Geldsachen hört die Gemütlichkeit auf.*
- *Hat man viel, so braucht man mehr.*
- *Erwerben und Sparen zugleich, macht am gewissesten reich.*
- *Liebe geht durch den Magen.*
- *Essen und Trinken hält Leib und Seele zusammen.*
- *Eile mit Weile.*
- *Besser gut ausruhen, als schlecht arbeiten.*
- *My home is my castle. (Mein Heim ist meine Burg.)*
- *The grass is always greener on the other side of the fence. (In Nachbars Garten ist das Gras immer grüner.)*
- *Der dümmste Bauer hat die dicksten Kartoffeln.*

♊

Zwillinge

Das letzte der drei Frühlingszeichen ist Zwillinge (21. Mai bis 21. Juni). Siegten in Widder der Impuls zum Leben und in Stier der Drang nach Absicherung durch beschleunigtes Wachstum, so geht es im Luftzeichen Zwillinge um Individualisierung. Das Erreichte wird strukturiert, geordnet und in die Umwelt integriert. Durch das Erkennen allen Seins wird die Ausdifferenzierung in plus–minus, yin–yang und männlich–weiblich erkennbar. Bei der Pflanze entspricht dies der Tatsache, daß sie Männliches (Staubgefäße) und Weibliches (Blütenstaub) in sich vereinigt.

Biologisch gesehen ist der Mensch zwar entweder ein Mann oder eine Frau, doch psychologisch betrachtet ist er nur dann ein Ganzes, wenn er seinen gegengeschlechtlichen Seelenanteil integriert hat. Erst nach diesem mühsamen Prozeß können die Geschlechter auf harmonische Weise miteinander umgehen.

Im Zeichen Zwillinge ist die von vornherein vorhandene und empfundene Polarität das Hauptthema. Dies läßt sich schon an der Signatur ablesen: Im Zentrum befinden sich zwei parallele senkrechte Striche, die die Existenz der Zweiheit in der Einheit sinnbildlich zum Ausdruck bringen. Die Parallelen sind gleich lang, was auf dieselbe Wertigkeit der Hälften verweist.

Das chinesische Yin-Yang-Symbol veranschaulicht dieses Prinzip durch seinen Hell-Dunkel-Kontrast auf noch eindrucksvollere Weise. Erst durch die Vereinigung der Gegensätze – zum Beispiel von Denken und Fühlen, von Subjektivem und Objektivem, von Innen und Außen, von gut und böse, von männlich und weiblich – wird die Einheit erlangt. Die im Innern des Yin-Yang-Symbols dargestellte Dualität wird von einem Kreis umschlossen. In fast allen Kulturen verkörpert der Kreis die Einheit, und auch die Zwillinge-Signatur enthält einen Kreis, wenn auch nur indirekt: Die beiden senkrechten Parallelen sind oben und unten durch zwei Halbkreise miteinander verbunden; setzt man aber zwei Halbkreise zusammen, so entsteht ein voller Kreis. Die Verwandtschaft des Zwillinge-Symbols mit dem Yin-Yang-Zeichen ist also offensichtlich. Beide haben denselben archetypischen Ursprung.

In vielen Kulturkreisen finden sich Sagen von Zwillings- oder Brüderpaaren, in denen jeder Bruder einen Pol einer Dualität verkörpert und den anderen zur Ergänzung dringend benötigt: Romulus und Remus, Jakob und Esau, Kain und Abel, Gilgamesch und Enkidu, Baldr (Baldur) und Hödur.

In den griechischen Zwillingssagen sind sich die Brüder zwar nicht feindlich gesinnt, doch wird auch hier ihre Gegensätzlichkeit – und damit die Dualität – hervorgehoben. Betrachten wir zuerst die Geschichte von Amphion und Zethos.

Als die schöne und unverheiratete Antiope schwanger wurde, floh sie vor ihrem zürnenden Vater Nykteus zu König Epopeus, der sie zur Frau nahm. Noch kurz vor seinem Tod beauftragte Nykteus jedoch Antiopes Bruder Lykos, seine Schwester zu bestrafen. Lykos tat, wie ihm geheißen, erschlug den Eposeus und nahm Antiope gefangen. Im Gebirge Kithairon brachte Antiope wenig später zwei Knaben zur Welt, Amphion und Zethos, die von einem Hirten großgezogen wurden. Viele Jahre später verlangte Dirke, die eifersüchtige Gattin des Lykos, daß die Brüder ihre schöne Mutter töten sollten. Doch Amphion und Zethos rächten die schon lange zurückliegende Entführung Antiopes und brachten Dirke um. Den

Zwillinge

herbeieilenden Lykos verschonten sie, weil er sich auf Anweisung des Gottes Hermes bereit erklärte, ihnen die Herrschaft über die Stadt Theben abzutreten.

Hermes befahl den Brüdern sogleich, die Stadt mit einer großen Mauer zu umgeben. Dabei zeigte sich, wie verschieden die Zwillinge ans Werk gingen. Zethos war kräftig und derb, ein Mann der Tat, Amphion hingegen war zartfühlend und ein Freund der Künste. Häufig sah man ihn auf seiner Leier spielen. So arbeitete jeder der beiden auf seine Weise an der Mauer: Zethos verschob mit seiner Kraft mächtige Felsblöcke, und Amphion bewirkte das gleiche, indem er der Leier wunderwirkende Töne entlockte. Bei seinem Spiel schichteten sich die Felsblöcke harmonisch übereinander.

Die verschieden veranlagten Zwillinge in diesem Mythos entsprechen den gegensätzlichen Anlagen im Menschen, oder, um mit Goethe zu sprechen, den «zwei Seelen, ach, in meiner Brust». Der erste Teil der Sage verdeutlicht, daß der Mensch siegt, solange die beiden unterschiedlichen Seelenanteile am selben Strang ziehen; sowohl Amphion wie auch Zethos sind sich einig, nicht ihre Mutter umzubringen, sondern sich an der eifersüchtigen Dirke rächen zu wollen.

Im zweiten Teil der Geschichte erhalten sie als Entschädigung für ihre lange Verbannungszeit die Herrschaft über Theben. Beim Bau der Mauer arbeiten sie trotz ihrer gegensätzlichen Wesensart Hand in Hand. Die magische Kraft der Töne, die Amphion beherrscht, erinnert an die Bibelstelle: «Am Anfang war das Wort.» Nach indischer Überlieferung schuf Gott die Welt durch den Laut «Om». Das Universum wurde demnach durch Klänge erschaffen.

Und aus der Physik wissen wir, daß ein Geigenbogen, der über den Rand einer mit Sand bestreuten Platte gezogen wird, bestimmte geometrische Muster hervorbringt. Töne haben also formgebende Kraft. Je nach der Art wie sie benutzt werden, können sie aufbauend oder zerstörend wirken[10]. Mit einer schrillen Stimme etwa kann der Mensch Gläser zerspringen lassen, während in der Musiktherapie harmonische Klänge zu Heilzwecken eingesetzt werden.

Nicht zufällig wird ausgerechnet in einer Zwillingssage auf die Macht der Töne hingewiesen. Das Tierkreiszeichen Zwillinge gehört dem Element Luft an, und erst durch die Atemluft kann der Mensch sprechen und damit Töne erzeugen. Wort, Ton und Sprache unterstehen in der Astrologie dem Zeichen Zwillinge. Es ist in diesem Zusammenhang erwähnenswert, daß die Horoskope von Journalisten und Literaten häufig Planetenbesetzungen dieses Zeichens aufweisen.

Wie die Sage zeigt, bringen harmonische Klänge positive Ergebnisse hervor. Daraus läßt sich ableiten: Wer in «harmonischem Ton» zu anderen spricht, also liebevoll mit ihnen umgeht, braucht sich über die Wirkung seiner Worte keine Gedanken zu machen. Doch noch bekannter als Zethos und Amphion sind die Zwillingsbrüder Kastor und Polydeukes (lateinisch: Pollux).

Polydeukes war göttlicher Herkunft und gehörte aus diesem Grund zu den Unsterblichen, während Kastor irdischer Abstammung und somit sterblich war. Polydeukes erwies sich als sensibel, dabei aber willensstark, Kastor hingegen als hitzig und zugleich ängstlich. Die beiden waren einander eng verbunden. Im Zuge ihrer Unternehmungen lernten sie ein anderes Zwillingsbruderpaar kennen: Lynkeus und Idas. Lynkeus ähnelte in seinem Charakter dem Polydeukes, der Nimmersatt Idas hingegen dem Kastor.

Als die Vier einmal eine Rinderherde geraubt hatten, was damals nicht als unehrenhaft galt, konnten sie sich zunächst nicht über die Aufteilung der Beute einigen. Schließlich beschlossen sie, ein Tier zu vierteilen und ein Wettessen zu veranstalten. Idas aß am schnellsten und ergatterte daher den ganzen Raub für sich und seinen Bruder.

Bei einem anderen Abenteuer gingen Kastor und Polydeukes auf Brautfang. Sie wollten Phoibe und Hilaeira entführen. Als nun auch Lynkeus und Idas auftauchten, kam es zu einem Streit, bei dem Idas den Kastor mit seinem Speer durchbohrte. Polydeukes wurde von solcher Trauer über den sterbenden Bruder ergriffen, daß er Zeus anrief: «Welche Lösung wird sein der Leiden? Auch mir sende den Tod zusammen mit diesem meinem Bruder, Vater! Denn dahingeschwunden ist der Wert des Mannes, wenn man ihn seines Freundes beraubt.»[11]

Der Göttervater Zeus zeigte Mitgefühl und ließ Polydeukes die Wahl, in Zukunft entweder allein in der Himmelshöhe zu wohnen oder aber für den Bruder einzutreten und mit ihm gemeinsam die Hälfte der Zeit über, die andere Hälfte unter der Erde zu sein. Polydeukes zögerte keinen Moment und entschied sich für seinen Bruder. So kam es, daß beide abwechselnd sechs Monate im Olymp und sechs Monate in der Tiefe der Erde verbrachten.

Polydeukes und Kastor verkörpern das göttliche und das irdische Ich des Menschen. Während der eine Teil von uns unsterblich ist, muß der andere eine Metamorphose durchlaufen. Mit dem Zwillingspaar Lynkeus und Idas wird den beiden Helden ein Spiegel vorgehalten: Lynkeus entspricht dem Polydeukes und Idas dem Kastor. Jede Begegnung zweier

Menschen ist zugleich eine Begegnung von *vier* Seelenanteilen: Die beiden göttlichen Teile verkehren ebenso miteinander wie die beiden irdischen. Zwei miteinander streitende Personen bekämpfen sich nur auf der Ebene ihres irdischen Ichs; wenn sie sich versöhnen, kommen die göttlichen Wesensanteile miteinander in Kontakt. So entsprechen in dieser Sage Polydeukes und Kastor einerseits und Lynkeus und Idas andererseits jeweils *einem* Menschen.

Die Analyse des Wettessens entlockt dem astrologisch Vorgebildeten vermutlich ein Schmunzeln. Während im Zeichen Stier langsames und ausgiebiges Genießen im Vordergund steht, spielt bei Zwillinge Schnelligkeit die entscheidende Rolle. Unrast und hastiges Konsumieren von Nahrung oder auch von Umwelteindrücken gehören zum Zwillinge-Typus, der möglichst viele Reize gleichzeitig aufnehmen möchte.

Für den Verlauf der Sage ist es bezeichnend, daß Idas, der einen irdischen Wesensanteil verkörpert, das Wettessen gewinnt: noch hat die irdische Natur des Menschen die Oberhand. Beim Brautraub geraten die Brüderpaare zum zweiten Mal in Konflikt. Auch hier fällt wieder auf, daß Idas den Kastor niedersticht und die beiden anderen Brüder nur passiv am Geschehen teilnehmen: abermals stehen mit Idas und Kastor die irdischen Seelenanteile im Blickpunkt. Dann jedoch geschieht etwas Wunderbares: Polydeukes ist so von Trauer um seinen sterbenden Bruder erfüllt, daß er Zeus um Intervention bittet, auch wenn er selbst dabei sein Leben verlöre. Beide Angebote des Göttervaters Zeus lassen sich psychologisch leicht aufschlüsseln.

Wählt Polydeukes das Himmelsleben, dann grenzt er damit seinen «irdischen Schatten» (Kastor) für immer aus. Allein würde er aber im Himmel nicht glücklich werden, weil ihm etwas zur Vollkommenheit fehlte; psychoanalytisch könnte man dann von einer «gespaltenen Persönlichkeit» sprechen. Im Zeichen Zwillinge besteht die große Gefahr, daß man seine Gegensätzlichkeit zwar klar erkennt – was in Widder viel schwieriger ist –, sie aber trotzdem nicht akzeptiert. So begegnet man Gefühlskonflikten häufig mit gesteigerter *Rationalität.* In Widder hingegen besteht die «Lösung», wie wir gesehen haben, in verstärkter *Aktivität* und betonter Männlichkeit.

Der zweite Vorschlag des Zeus entspricht der wahren Aufgabe des Menschen. Polydeukes entscheidet sich für seinen Bruder und erlöst ihn – und damit auch sich selbst. Abwechselnd wohnen die beiden im Himmel und im Hades, der Unterwelt. Wie das Yin-Yang-Symbol so fügt auch Polydeukes die Gegensätze zur Einheit zusammen.

Die beiden Sagen haben die wesentlichen Charakteristika eines Zwillinge-Menschen bereits enthüllt. Trotzdem wollen wir die psychologischen Eigenarten dieses Zeichen noch eingehender untersuchen. Wie wir gesehen haben, geht es um die Erkenntnis von Gegensätzlichkeiten; dabei muß die Schattenseite innerlich angenommen werden. Der Vorgang des Erkennens beruht hier weniger auf der sinnlichen Wahrnehmung der Umwelt, als vielmehr auf der intellektuellen Verarbeitung von Eindrücken (Denken, Reden und Schreiben). Der typische Vertreter dieses Zeichens erscheint meist als «kluger Kopf»; dafür wird er oft auch dann gehalten, wenn es ihm an Intelligenz mangelt. Der Zwillinge-Typus besitzt zwar eine schnelle Auffassungsgabe, aber er leidet auch an Ruhelosigkeit. Das in der heutigen Industriegesellschaft weitverbreitete Phänomen «Streß» ist eine typische Zwillinge-Analogie. In unserer hektischen Zeit kann beruflich nur überleben, wer sich den schnell ändernden Anforderungen anpaßt und auch wissensmäßig immer auf dem neuesten Stand ist. Oft jedoch geht beim Verzehr des geistigen «fast food» der Tiefgang verloren; Oberflächlichkeit und Geschwätzigkeit sind die Folge. Der für eine solche Wirkungsweise maßgebliche Entwicklungsgrad eines Menschen läßt sich allerdings nicht am astrologischen Meßbild ablesen.

Es besteht zudem die Gefahr, daß die bloße Ansammlung von Wissen zu innerem Stillstand führt. Im Faktenchaos verliert der Zwillinge-Mensch möglicherweise seine Orientierung und plappert nur noch nach, was allgemeine Meinung ist. Er mißbraucht seine Intelligenz, indem er zum Wiederkäuer fremder Erkenntnisse wird. Auch noch so breit gefächertes Wissen nützt ihm nichts, wenn er nicht gelernt hat, welchem Ziel es dienen soll, denn ohne eine ethische Ausrichtung ist letztlich keine Entwicklung möglich. Im Tierkreis wird dieses Ziel durch das dem Zwillinge-Zeichen gegenüberliegende Zeichen Schütze symbolisiert. Die Orientierung auf etwas Höheres ist im Schütze-Sigel durch einen aufwärts gerichteten Pfeil dargestellt. Gestützt auf eine übergeordnete Sichtweise, läßt man sich von bloßem Faktenwissen nicht mehr blenden.

In einigen Lebensbereichen ist «paralleles Denken» – man erinnere sich der beiden Senkrechten im Zwillinge-Symbol – vonnöten. Zur übersichtlichen Darstellung eines Fahrplans benötigt man noch keine ethischen Grundsätze. Die Stärke des Prinzips liegt hier einfach in der «benutzerfreundlichen» Aneinanderreihung von Einzelinformationen (in der Computersprache würde man wohl von «bits» sprechen). Schwierig wird es erst, wenn Informationen nicht nur gesammelt und dargestellt, sondern auch hierarchisch geordnet werden müssen. Typisch ist in solchen Fällen eine

Flucht in die Relativierung. Statt einer Aus- oder Bewertung bekommen wir das berühmte «Einerseits – Andererseits» zu hören. Und was auf den ersten Blick nach Toleranz gegenüber verschiedenen Meinungen aussah, entpuppt sich bei näherem Betrachten als Angst vor einem festen Standpunkt. Man ist nicht bereit, die Folgen einer klaren Entscheidung auf sich zu nehmen, sondern verharrt lieber in der Analyse der Gegensätze.

Noch nicht erwähnt wurde, daß es dem zwillingegeprägten Menschen selten langweilig wird. Sein großes Verlangen nach geistiger Abwechslung bedarf des Gedankenaustauschs mit anderen, und der «small talk» wird hier noch allemal der einsamen Reflexion im stillen Kämmerlein vorgezogen. Der Zwillinge-Typus erfährt die Umwelt dialogisch: der Mitmensch wird als Gegenpol des eigenen Intellekts begriffen. Da dieses «Spiel» naturgemäß auf theoretisch-gedanklicher Ebene stattfinden muß, fehlt dieser Auseinandersetzung das leidenschaftliche Moment. Was wir in Stier als Übermaß an Sinnlichkeit kennenlernten, ist in Zwillinge oft Mangelware.

Trotz der auf den ersten Blick zu erkennenden Kontaktfähigkeit darf man nicht unbedingt auf seelische Tiefe schließen. Die geistige Unruhe und der Drang nach neuen Erfahrungen können trotz – oder wegen! – vieler Begegnungen seelisch einsam machen. Erst wenn der Mensch dies erkannt hat, wird er für seine Gesprächspartner tatsächlich interessant.

Der transformierte Zwillinge-Mensch verblüfft durch seine rasche Auffassungsgabe, die sich immer auch um geistige Synthese (Schütze) bemüht.

Sprichwörter

- *Reden und Tun sind zweierlei.*
- *Wer alle Töpfe kochen will, dem brennen welche an.*
- *Niemand holt sein Wort wieder ein.* (Wilhelm Busch)
- *Mancher Mensch ist wie der Zeiger an der Uhr: Wie man ihn richtet, so geht er.*
- *Von Worten zu Werken ist ein weiter Weg.*
- *Versprechen und Halten sind zweierlei.*
- *Zwei Seelen wohnen, ach, in meiner Brust!* (Johann Wolfgang von Goethe)

♋

Krebs

Am 21. Juni tritt die Sonne in das Wasserzeichen Krebs ein. Dieser Tag markiert die Sommer-Sonnenwende: Das Licht hat den Höhepunkt seiner Intensität erreicht. Ab jetzt werden die Tage wieder kürzer, wenn zunächst auch kaum merklich. Bis zum 21. September überwiegt zwar die Helligkeit noch das Dunkel, doch das Entscheidende an der Sonnenwende ist das Signal zum Rückzug des Lichtes. Symbolisch deutet diese Kehrtwendung jedoch weniger auf die oft erwähnte rückwärts gerichtete Fortbewegung der Krebstiere hin, als vielmehr auf eine Wendung nach innen, zu den Wurzeln des Seins.

In der Natur ist jetzt der Höchststand der Entwicklung erreicht, ein weiterer Fortschritt ist nicht möglich. Wie das Zeichen Zwillinge die Herausbildung der Dualität darstellt, so verkörpert Krebs die Vereinigung der beiden vorher ausgeformten Pole; es entsteht ein neues Lebewesen, aus den Gegensätzen wird eine neue Einheit geschaffen.

Der krebsbetonte Mensch hat ein natürliches Gespür für die Einheit allen Lebens. Dazu gehört für ihn die Auseinandersetzung mit den eigenen Wurzeln, etwa mit dem Elternhaus oder der Heimat. Auch wenn er diesen Zusammenhang verbal abstreitet, ist seine persönliche Entwicklung unbewußt doch stark mit diesen Wurzeln verwoben. Der Wende der Sonne im Jahreslauf entspricht beim Menschen der Blick zurück, in die Vergangenheit. Wie wir noch sehen werden, favorisiert der Krebs-Typus eher konservative Wertvorstellungen.

Das Sigel des Krebses kann man als eine Weiterentwicklung des Zwillinge-Symbols interpretieren. Die kleinen Kreise stellen Plus- und Minuspol beziehungsweise Samen- und Eizelle dar. Die beiden «Haken» oder Halbbögen, die von ihnen ausgehen, sind in ihrer Bewegung jeweils auf das andere Energiezentrum ausgerichtet: sie wollen sich vereinigen. Während man mit dem oberen Bogen etwas Gebendes assoziieren kann, wirkt der untere wie eine empfangende Hand[12]. Zweifellos entspricht der obere Bogen dem männlichen Pluspol und der untere dem weiblichen Minuspol.

Im Gegensatz zur Krebs-Signatur geht beim Zwillinge-Zeichen die Bewegung nicht zur Einheit hin, sondern sie führt von ihr weg; die beiden Hälften des Kreises stehen sich dort unversöhnlich gegenüber, doch weist die Existenz der beiden Halbkreise auf die mögliche Einheit in der Dualität hin. In der Praxis jedenfalls ist es für den Zwillinge-Menschen nicht immer einfach, die Einheit in Gegensätzen zu erkennen.

Die im Zeichen Krebs entstandene neue Schöpfung wird durch die Mutter in die Welt hineingeboren. Der Wissenschaft ist es zwar gelungen, Eizellen auch außerhalb des Mutterleibs zu befruchten, doch um reifen zu können, muß der Keim wieder dorthin zurückverpflanzt werden. Für den werdenden Erdenbürger ist der schützende Mutterleib sein «Kosmos». Hier erfährt er die Einheit, nach der er sich später unbewußt wieder zurücksehnt; dem Kleinkind wird dann der wärmende Schoß der Mutter zur Zufluchtsstätte.

Das Krebstier, das dem Tierkreiszeichen seinen Namen gegeben hat, erinnert uns kaum an Mütterlichkeit. Der schützende Panzer jedoch, in den es sich bei Gefahr zurückziehen kann, paßt durchaus zu der extrem verletzlichen Gefühlsnatur des Krebs-Menschen, der sich von Zeit zu Zeit in seinen schützenden psychischen «Panzer» zurückziehen muß. So wie das Element Feuer in Widder für Impulsivität steht, das Element Erde in Stier für greifbare Realitäten und das Element Luft in Zwillinge für kom-

Krebs

munikativen Austausch, so symbolisiert das Element Wasser des Krebs-Zeichen das Psychische schlechthin.

Zum Gefühlsleben gehören Phantasievorstellungen, Träume und Ahnungen. Der Schlaf, die Zeit ganz besonderer Aktivität unserer Psyche, ist für den krebsbetonten Menschen äußerst wichtig. Sein oft blasses Gesicht weist auf ein ausgeprägtes Ruhebedürfnis hin. Mit Energie «aufgetankt», kann er jedoch sehr aktiv auf seine Mitmenschen zugehen. Im Gegensatz zum Zwillinge-Typus findet hier die Kontaktaufnahme jedoch eher auf emotionaler, weniger auf intellektueller Ebene statt.

In unserer mythologischen Betrachtung wollen wir uns zunächst dem Kampf des Herakles mit der Hydra zuwenden.

In der Nähe der Stadt Argos hauste ein schlangenähnliches Ungeheuer, die Hydra. Sie hatte mehrere Köpfe und lebte vorwiegend im feuchten, schlammigen Untergrund. Aus ihren Mäulern drang betäubender Dunst; schlug man ihr einen Kopf ab, so wuchsen sofort zwei neue nach.

Auch der Held Herakles wollte das Untier erlegen, und mit brennenden Pfeilen beschoß er dessen Höhle. Als er der Hydra mit einem Schwert die Köpfe abschlug, bekam sie an deren Stelle tatsächlich sofort mehrere neue. Da er die Zwecklosigkeit seines Tuns bald einsah, besann er sich auf eine List: sobald er der Schlange einen Kopf abgetrennt hatte, brannte er die Wunde mit einer Fackel aus, so daß keine neuen Köpfe mehr nachwachsen konnten.

Herakles' ihm feindlich gesinnte Stiefmutter Hera wollte jedoch die drohende Niederlage der Schlange vereiteln. Sie schickte einen großen Krebs, der Herakles von hinten in die Ferse biß, aber der Held zertrat den Krebs und versetzte der Hydra den Todesstoß.

Ganz offensichtlich gibt es hier Parallelen zur Minotaurus-Legende, denn beide Ungeheuer repräsentieren egoistische Anteile im Unterbewußtsein des Menschen. Während jedoch der wilde Stier mehr für materielle Gelüste und allgemeine Gier steht, symbolisiert die Hydra diffuse Schwächen der Psyche. Hydra bedeutet «Wasserschlange». Dieses Tier lebt in der feuchten Tiefe. Wie schon erwähnt, vertritt das Element Wasser in der Astrologie alles Psychische. Nistet sich dort «ein Ungeheuer» ein, so identifiziert sich der betreffende Mensch mit seinem Unterbewußtsein und gibt sich in der Folge kritiklos dem Gefühlshaften hin. Die narkotisierenden Dämpfe stellen die «Vernebelungsstrategie» dieses Unbewußten dar; es möchte nicht erkannt werden und treibt im Verborgenen sein Unwesen.

Bekämpft man diese Gefühlsnatur allzu blindwütig, wie Herakles es anfänglich tat, so wird sie nur noch mächtiger; bildlich gesprochen wachsen ihr viele Köpfe. Erst als der Held nach ruhiger Überlegung die Köpfe abschlägt und die Wunden sogleich mit Hilfe einer Fackel ausbrennt, wird die Schlange entscheidend geschwächt.

Die Fackel entspricht dem Element Feuer und damit der Willenskraft, dank der der «Gefühlssumpf» trockengelegt wird. Mit besonnener Entschlußkraft läßt sich die Hydra bezwingen. Der heimtückisch von hinten angreifende Krebs entstammt, wie die Hydra, dem Element Wasser und damit dem psychischen Bereich. Er ist, als Verbündeter der Hydra, im Grunde mit ihr identisch.

Der eigentliche «Bösewicht» aber ist Hera. Als Stiefmutter verkörpert sie das feindliche Mutterprinzip, und sie ist es, die dem Herakles den Krebs schickt. Der Kampf gegen Schlange und Krebs ist letztlich ein Kampf gegen die Mutter. Eine wichtige Aufgabe für krebsbetonte Menschen ist denn auch die Abnabelung vom Elternhaus, häufig von einer dominanten Mutterfigur. Läßt die Mutter ihr Kind nicht ziehen, so muß sie bekämpft werden.

Herakles ringt sowohl mit seiner undiffenzierten Gefühlsnatur (der Hydra) und deren heimtückischer Variante (dem Krebs) als auch mit der alles beherrschenden Mutter. Träume, Gefühle, Unbewußtes und Mutterbild gehören zur selben Assoziationsreihe. Ist die «biologische Quelle» des Menschen der Mutterleib, so entspringt die «psychische Quelle» im Reich des Unbewußten. All dies zählt zur Yin-Seite, zum weiblichen Anteil eines Individuums, der beim Krebs-Menschen meist überwiegt. Eine gesunde Distanz zum Yin-Prinzip ist jedoch notwendig, damit ein Ausgleich herbeigeführt werden kann. Zum besseren Verständnis sei hier angemerkt, daß alle Tierkreiszeichen, denen ungerade Ziffern zugeordnet sind, dem männlichen Prinzip *(yang)* und solche, denen gerade Ziffern zugeordnet sind, dem weiblichen Prinzip *(yin)* entsprechen. Widder (1) und Zwillinge (3) sind männlich, Stier (2) und Krebs (4) hingegen weiblich polarisiert.

Durch Yang-Verhaltensweisen – etwa Willensanstrengungen – kann ein Ausufern von Gefühlen und damit ein «Wegschwemmen» des Menschen verhindert werden. Das Ausbrennen mit der Fackel verdeutlicht diese Willenskraft ebenso wie der Tritt auf den Krebs. Da es dem krebsgeprägten Menschen aber oft an Willensstärke fehlt, scheut er vor offener Aggression zurück. Will er dennoch jemanden attackieren, so tut er dies auf seine «wäßrige», indirekte Weise und greift, wie der Krebs den Herakles, von hinten an, weil ihm zur direkten Konfrontation der Mut fehlt.

Auch in der Achilleus-Sage spielt die Figur der Mutter eine zentrale Rolle. Hier ist ihre Macht allerdings durch Liebe «getarnt».

Achilleus entspricht dem Krebs-Menschen so verblüffend genau, wie er wohl in keinem Lehrbuch der Astrologie besser beschrieben sein könnte Er ist sehr sensibel und verletzlich und verhält sich vorzugsweise passiv; zudem «hängt er an Mutters Rockzipfel».

Als Achilleus zum Krieg nach Troja aufbrechen sollte, verfiel er in trotziges Schmollen und blieb zu Hause. Seine Mutter Thetis hatte ihn in Frauenkleider gesteckt, damit man ihn nicht entdeckte, und um ihren Sohn unsterblich zu machen, hatte sie ihn in den Unterweltfluß Styx getaucht. Da sie ihn dabei aber an der Ferse festgehalten hatte, blieb er an dieser Stelle für immer verwundbar.

Als Achilleus sich wieder einmal zwischen den Frauen verbarg, wurde er von Odysseus entdeckt, doch weigerte er sich immer noch, ins Feld zu ziehen. Erst der Tod seines Freundes Patroklos rüttelte ihn aus seiner Lethargie auf, und er besann sich eines anderen. Aber selbst im Trubel der Kriegsgefechte wurde Achilleus bemuttert. Thetis brachte ihm saubere Gewänder und versorgte ihn zudem mit Speisen.

Die Astrologin Liz Greene kommentiert dies belustigt: «Es wundert einen, daß Homer nicht auch noch von Hühnersuppe spricht.»[13]

Trotz der extensiven Betreuung starb Achilleus an einem Pfeil, der seine Ferse durchdrang. Sein Tod machte ihn zu einem Helden, und seither spricht man von der «Achillesferse».

Den Krieg, der gar nicht nach Achilleus' Geschmack war, können wir dem Yang-Prinzip zuordnen. Wie viele Krebs-Menschen, die ihrer Kritik Ausdruck verleihen wollen, reagiert auch der griechische Held mit passivem Widerstand, und er flüchtet sich in Scheinwelten; die Regression in kindliche Verhaltensweisen ist an dieser Stelle noch nicht überwunden. Die Verhüllung in Frauenkleider bedarf kaum einer näheren Erläuterung.

Thetis ist der Typ der beherrschenden Mutter, die ihr Kind mit ihrer Liebe fast erdrückt. Sie will es mit aller Gewalt an sich binden und verweigert ihm damit die Freiheit. Statt den Sprößling in die «rauhe Welt» zu entlassen, taucht sie ihn in den Styx, um ihn für alle Zeiten zu schützen. Dieser Fluß der Unterwelt symbolisiert das Unbewußte im Menschen, und der Gang zum Styx erscheint als Flucht vor der Realität (dem Krieg). Diese Flucht in die «Unterwelt» der Gefühle, das Sich-Verkriechen in die eigene Krebs-Schale, gelingt jedoch nie vollkommen; kindliche Regression rächt sich immer, und es bleibt eine verletzliche «Achillesferse», in die die Realität schließlich schmerzhaft eindringt.

Wie bereits erwähnt, gehören äußeres und inneres Mutterbild (das grundsätzliche Bedürfnis nach Geborgenheit) eng zusammen. Beides hemmt den Menschen in seiner Persönlichkeitsentfaltung und bietet ihm verlockende Schutzhöhlen an. Die Verhaltensweise von Thetis kennt mancher aus eigener Erfahrung. Die Mutter, die ihren Sohn oder ihre Tochter auch noch in der Hitze des Sommers auf die Notwendigkeit wärmender Unterhemden hinweist, gehört zu diesem «Thetis-Typ».

Letztlich beschreibt der Achilleus-Mythos den Kampf um die Befreiung vom mütterlichen Prinzip, das transformiert, aber nicht zerstört werden soll. Erst wenn das Yin-Übergewicht (Flucht ins Unbewußte, Macht der Mutter) abgebaut wird, erlangt man inneres Gleichgewicht. Ebenfalls sehr realitätsnah geschildert ist der Anlaß für den Sinneswandel des Achilleus. Nur der Kummer über den Tod seines Freundes Patroklos kann Achilleus dazu bewegen, doch noch in den Krieg zu ziehen; entsprechend wird auch der Krebs-Mensch nur durch sehr tief gehende Emotionen aus seiner passiven Haltung gerissen.

Ein Vergleich zwischen der Herakles- und der Achilleus-Sage zeigt viele Ähnlichkeiten. Interessant ist insbesondere die Bedeutung der «Achillesferse», denn in beiden Fällen stellt sie eine Art Fenster zur Realität dar, das im Befreiungsprozeß eine wichtige Rolle spielt. Im ersten Beispiel zertritt Herakles den Krebs und besiegt so die Macht des Unbewußten und damit auch die der Mutter (Hera). Achilleus hingegen wird an der Ferse verletzt, doch sein ruhmreicher Tod macht ihn sogleich zu einem Vorbild. Auch er löst sich von der beherrschenden Mutter, die ihn früher zur Flucht ins Unbewußte (Styx) gezwungen hatte. Ferse, Unterwelt und Mutter sind in beiden Sagen eng miteinander verknüpft.

Die Aufgabe besteht für uns nun darin, mehr dem Herakles als dem Achilleus nachzueifern, dessen Triumph ja den Tod voraussetzt. Besiegt man aber zu seiner Lebzeit die dunklen matriarchalischen Kräfte, so hat man wenigstens noch etwas davon …

Das bisher skizzierte Bild vom Krebs-Typus ist schon fast vollständig. Zu seinen positiven Seiten gehören Sensibilität, Hingabefähigkeit, Anlehnungsbedürfnis, Wärme und Mitgefühl. Da man «nahe am Wasser gebaut» hat, hält man Tränen nur ungern zurück; allein im Tierkreiszeichen Fische werden Gefühle ebenso intensiv erlebt. In beiden Tierkreiszeichen kann jedoch Weichheit auch zu Weichlichkeit werden.

Obwohl der Krebs-Typus ängstlich ist und sich schnell verletzt fühlt, ist er im allgemeinen durchaus kontaktfreudig. Man findet hier nicht nur den verträumten Nesthocker, sondern auch den temperamentvollen, mitteilungsbedürftigen Gesellen; in beiden Fällen besteht die Tendenz, sich schnell beeinflussen zu lassen, und auch eine gewisse Willensschwäche.

Im Mittelpunkt zu stehen, ist einem Krebs-Menschen kein Anliegen. Die emotionale Fixierung auf das Ego trifft man genauso an wie die Sucht, Mitmenschen zu bemuttern. Im partnerschaftlichen Bereich besteht die Gefahr, hingebungsvolle Liebe als Machtinstrument zu mißbrauchen. Dabei wird die Herrschaft nicht lautstark und impulsiv ausgeübt, vielmehr dienen «Streicheleinheiten» als Mittel zum Zweck. Dies erleichtert dem Beherrschten nicht gerade die Einsicht in die wahren Verhältnisse.

Ähnlich wie der Zwillinge-Typus unterliegt auch der Krebs-Mensch häufigen Gefühlsschwankungen. Bei genauerem Hinsehen erkennt man jedoch den Unterschied: Der Zwillinge-Betonte pendelt zwischen Intellekt und Gefühl, wobei der Intellekt oft den Sieg davonträgt, und der Krebs-Geprägte schwankt zwischen verschiedenen Gefühlen. Böse Zungen – vermutlich «Krebs-Geschädigte» – behaupten, Krebs-Menschen seien eben von Natur aus launisch, während die von Zwillinge Geprägten ihre Stimmungswechsel immerhin noch kontrollierend beobachteten. Tatsächlich aber neigen letztere dazu, ihre Gefühle zu rationalisieren, sobald sie diese nicht mehr verstehen, während erstere zwischen unterschiedlichen Gefühlen hin und her pendeln und keine Distanz zu ihnen herstellen können.

Aus all dem wird deutlich, daß das Wasserzeichen Krebs dem Typus des «Gefühlsmenschen» entspricht, der sich – genau wie Achilleus – erst dann zur Tat aufrafft, wenn er zutiefst betroffen ist. Im Gegensatz zum Zwillinge-Typus ist er rationalen Argumenten in der Regel nicht zugänglich. Sein Denken ist intensiv mit emotionalen Erlebnissen aus der Vergangenheit beschäftigt. Bewußt oder unbewußt quälen ihn oft Probleme der Ablösung vom Elternhaus. Frei wird er erst dann, wenn er die äußere, vor allem aber die innere Bindung an das elterliche Heim durchtrennt. Das Erringen dieser Souveränität ist das Thema im nächsten Tierkreiszeichen, in Löwe.

Wer die Lösung vom Elternhaus nur teilweise vollzieht, der wird seine Verlustängste später oft auf den Partner übertragen. Das Sich-Anklammern und Regressionen in die Kindheit haben hier ihre Ursachen. Wer sich sentimentalen Wunschbildern von Heim und Herd hingibt, wird glücklicherweise irgendwann vom «Schuß in die Achilles-Ferse» zur Besinnung gebracht. Für jeden kommt der Zeitpunkt, wo er die Herausforderung der Umwelt annehmen und zum «Helden» werden muß. Mancher wird allerdings erst sehr spät von einem solchen Schuß, etwa einer Krankheit oder dem Verlust eines nahestehenden Menschen, getroffen – oft ist es zu spät. Der unerlöste Krebs-Mensch weigert sich, seinen diffusen Wünschen nach gesteigerter Gefühlsintensität offen ins Auge zu blicken, und kompensiert das Manko mit Kettenrauchen oder übermäßiger Nahrungsaufnahme. Essen und Gemütsverfassung sind bekanntlich eng miteinander verbunden, denn Gefühle können auf den Magen schlagen. Das Essen hat für viele Menschen die Funktion, labile Gefühlslagen zu stabilisieren. Astro-medizinisch entspricht der Magen dem Mond- und dem Krebs-Prinzip.

Übertriebene Nahrungsaufnahme, Flucht in Phantasiewelten und Sich-Anklammern müssen ihren Grund jedoch nicht immer in einer unvollständigen Ablösung vom Elternhaus haben: Auch der Geburtsvorgang untersteht dem Zeichen Krebs, und eine schmerzhafte Geburt verursacht beim Neugeborenen häufig einen Schock, der dazu führt, daß er die Umwelt als etwas Feindliches betrachtet. Sich solcher frühen Traumata bewußt zu werden, bedarf einer langen Selbsterforschung. Wer wollte es den Betroffenen verdenken, wenn sie sich unbewußt den pränatalen Zustand herbeiwünschen? Mit psychotherapeutischer Hilfe ist jedoch auch in diesen Fällen eine «zweite Abnabelung» möglich.

Der erlöste Krebs-Typus hat es gelernt, sich nicht planlos von seinen Gefühlen durchs Leben treiben zu lassen. Er hat es geschafft, seinen Gefühlsreichtum mit der Notwendigkeit für Form- und Strukturgebung in Einklang zu bringen. Astrologisch gesprochen, hat er das dem Krebs-Zeichen gegenüberliegende Tierkreiszeichen Steinbock integriert.

Wie wichtig es für Krebs-Menschen ist, das Steinbock-Prinzip einzubeziehen, zeigt sich in allen Bereichen, so auch bei künstlerischen Tätigkeiten. Die in Krebs häufig anzutreffende musikalische Begabung kann erst dann produktiv eingesetzt werden, wenn auch Form und innere Gliederung dazutreten. Seine Talente darf man hier nicht allein der eigenen Lust und Laune überlassen. Ähnliches gilt auch für die Lyrik[14], in der die sprachliche Darstellung von Gefühlen erst dann als wirkliche Kunst gelten kann, wenn sie bestimmten Regeln unterworfen wird.

Schließlich sei noch erwähnt, daß der erlöste Krebs-Typus in der Gegenwart statt in der Vergangenheit lebt. Er strahlt Mitgefühl und Wärme aus und setzt seinen «Bemutterungsinstinkt» für soziale Belange ein. Die ihm oft eigene Schlaffheit, unter der andere zu leiden haben, weicht hier einem sanften, aber doch deutlich zum Ausdruck gebrachten Willen.

Sprichwörter

- *Trautes Heim, Glück allein.*
- *Es ist überall gut, aber zu Hause am besten.*

- *Dem Magen ist nicht stets gesund, was süß im Mund.*
- *Der Apfel fällt nicht weit vom Stamm.*
- *Wer sich behaglich fühlt zu Haus, der rennt nicht in die Welt hinaus.* (Friedrich Rückert)

♌

Löwe

Die bisher besprochenen vier Tierkreiszeichen (Widder, Stier, Zwillinge und Krebs) gehören in der genannten Reihenfolge den Elementen Feuer, Erde, Luft und Wasser an; in diesem Zyklus geht es um die primäre Ich-Organisation. In Widder erkämpft sich das Lebewesen seine Existenzberechtigung, in Stier sichert es sich ab, in Zwillinge orientiert es sich neugierig an der Umwelt, und in Krebs entdeckt es seine Gefühlswelt.

Mit dem Feuerzeichen Löwe beginnt ein weiterer Zyklus der vier Elemente. Widder, Stier, Zwillinge und Krebs symbolisieren die Aufbauphase des Menschen, Löwe jedoch markiert eine neue Stufe des Ich-Bewußtseins. Hier erkennt das Individuum den wahren Wert seiner Persönlichkeit. Es hat die Chance, sich selbst als kleinen Kosmos zu erleben und so zu dessen «König» zu werden.

So wie das weibliche Tierkreiszeichen Krebs dem Mond zugeordnet ist und von ihm «regiert» wird, so ist Löwe der Sonne zugeordnet und wird von ihr regiert. Obwohl die Tage wieder kürzer werden, beginnt Ende Juli/Anfang August die heißeste Zeit des Jahres. Die Sonne steht ähnlich lange am Himmel wie in der Periode der Zwillinge, und doch ist es jetzt wärmer. Womit hängt das zusammen? Insbesondere die Meere strahlen im Frühsommer mit ihren noch niedrigen Wassertemperaturen viel Kälte ab. Erst im Juli ist so viel Wärme im Erdboden und im Meerwasser gespeichert, daß es nachts nicht mehr so schnell abkühlt, und die geringen Temperaturunterschiede führen oft zu «stehender Hitze».

In diesen Wochen übt die Sonne die stärkste Wirkung auf den Menschen aus. Somit ist es leicht nachzuvollziehen, warum frühere Astrologen das Tierkreiszeichen Löwe zum Stammzeichen der Sonne erkoren haben. Sonne und Löwe sind königliche Symbole. Sinnigerweise steht im Horoskop des «Sonnenkönigs» Ludwig XIV. nicht nur die Sonne an dominanter Stelle – genau dort, wo sie der traditionellen Astrologie zufolge Ruhm verleihen soll –, sondern mit Mond und Venus ist auch Löwe auffällig besetzt. Letzteres paßt besonders zur Prunksucht des Sonnenkönigs. Ludwigs Ausspruch: «Ich bin der Staat», deutet eine der problematischen Seiten des Löwe-Typus an.

Eine ähnliche anmaßende Einstellung finden wir bei Napoleon (Sonne und Merkur in Löwe). In der politischen Astrologie identifiziert man schon von alters her das Sonne/Löwe-Prinzip mit dem Herrscher oder der Regierung eines Landes. Abbildungen des Löwen finden sich beispielsweise am Stadttor von Mykene oder auch auf vielen Wappen europäischer Königshäuser. Titel wie «Heinrich der Löwe» oder «König Richard Löwenherz» waren an der Tagesordnung. Die ägyptischen Pharaonen hielten sich den «König der Tiere» sogar als Haustier. Der Löwe beeindruckt vor allem durch die ihm eigene Mischung aus majestätischem Gebaren und Gefährlichkeit.

Einen blassen Abglanz der früheren symbolischen Bedeutung des Löwen läßt sich noch in der Art erkennen, wie dieses Symbol heutzutage in der Werbung eingesetzt wird. Mit einem «Lion-Make-Up» oder dem auf Zigarettenschachteln prangenden Löwen kann jeder von uns zum Minitarif König spielen …

Die Signatur dieses Tierkreiszeichens wurde von vielen Astrologen als Löwenschwanz gedeutet. Andere hingegen sehen in dem kleinen Kreis am Anfang des «Schwanzes» eine Fortentwicklung des Krebs-Sigels. Die dort symbolisierte Vereinigung von männlichem und weiblichem Pol wur-

Löwe

de durch zwei aufeinander bezogene Kreise dargestellt; das aus ihr hervorgegangene neue Wesen wird im Zeichen Löwe folgerichtig durch nur *einen* Kreis versinnbildlicht.

Auf einer höheren Ebene soll der Löwe-Mensch zu einem vervollkommneten Individuum, eben zu einem «König» werden. Eine große Gefahr besteht jedoch darin, daß man seine Möglichkeiten überschätzt und seine vermeintlichen Herrschaftsrechte ins Uferlose ausdehnt. Auf der anderen Seite kann man eine schier unerschöpfliche Lebensfreude entdecken, die sich spielerisch ausleben will.

In der griechischen Mythologie hat der Kampf des Herakles gegen einen Löwen die deutlichste Verbindung zu unserem Thema, denn die Tötung eines Löwen war eine von zwölf Aufgaben des jungen Helden: Ohne Zweifel entsprechen die zwölf Prüfungen den zwölf Tierkreiszeichen.

In der Nähe der Stadt Nemea trieb ein Löwe sein Unwesen und versetzte die Bürger in Angst und Schrecken. Auf dem Weg zur sprichwörtlich gewordenen «Höhle des Löwen» begegnete Herakles dem Bauern Molorchos und bat diesen darum, für ihn, sollte er nicht innerhalb von dreißig Tagen von seinem Unternehmen zurückkehren, ein Opfertier als Totengabe zu schlachten. Für den Fall, daß er das Tier besiegen würde, wollte man später dem Zeus gemeinsam ein Dankesopfer darbringen.

An der Höhle des Löwen angekommen, erlebte Herakles sogleich eine unerfreuliche Überraschung: Dem Tier war mit gewöhnlichen Mitteln nicht beizukommen, denn sein Fell war derart dicht und geschmeidig glatt, daß selbst Eisen- und Steinlanzen an ihm abglitten. Als alle Waffen versagt hatten, versuchte es Herakles mit seiner bloßen Körperkraft. Er preßte dem Tier ein Knie in den Bauch und erstickte es, indem er sein Sonnengeflecht zusammenpreßte. Anschließend legte sich Herakles das abgezogene Fell des Löwen über die Schultern.

Mittlerweile waren neunundzwanzig Tage vergangen. Molorchos hatte die Hoffnung auf die Rückkehr seines Freundes schon aufgegeben. Doch am dreißigsten Tag erschien dieser mit dem Löwenfell als Zeichen seines Sieges. Zum Dank brachten sie Zeus gemeinsam ein Opfer dar.

Auch in Griechenland war der Löwe ein Sinnbild für die Herrschaft des Königs und für den Umgang mit Untergebenen. Der Angst und Schrecken verbreitende nemeische Löwe steht für Machtmißbrauch, der für den unter diesem Zeichen Geborenen immer eine Versuchung darstellt. Wie wir noch sehen werden, ist der Umgang mit Macht auch im Tierkreiszeichen Skorpion ein wichtiges Thema. Im Gegensatz zum Skorpion-Typus resultiert jedoch die falsche Selbsteinschätzung des Löwe-Menschen aus einem fast kindlich-naiv übersteigerten Selbstbewußtsein; man neigt dazu, seine Grenzen zu übersehen.

Herakles' Absprache bezüglich der Opfergabe – die entweder als Totenopfer oder als Geschenk für Zeus gedacht sein sollte – zeugt von dem bedingungslosen Einsatz des Helden: Mit voller Risikobereitschaft stürzt er sich ins Abenteuer. Von dieser Eigenschaft des Löwe-Menschen kann man viel lernen. Letztlich aber entspricht der Kampf mit der Bestie der Auseinandersetzung mit der problematischen Seite der inneren Löwe-Natur. Herakles möchte Stolz, Hochmut und Herrschsucht in sich überwinden. Doch er macht die Erfahrung, daß dies alles andere als einfach ist, denn Speere und Lanzen prallen wirkungslos ab.

In vielen Mythen, in denen der Held gegen ein Tier und damit gegen einen Aspekt der eigenen Tiernatur kämpft, hilft am Ende der Griff zu einer List. Aber nicht so in diesem Löwe-Mythos! «Fair-Play» ist auch für den Löwe-Menschen selbstverständliches Gebot. Einen mit Heimtücke errungenen Sieg könnte er nicht genießen, sondern würde allemal einen glorreichen Untergang vorziehen. Ohne jegliche Waffen, nur mit dem Einsatz seines Körpers, bezwingt Herakles den animalischen Gegner.

Symbolisch zeigt dies, daß man nur mit Aufrichtigkeit eine Chance gegen die Auswüchse seines «inneren Raubtiers» hat. In der Sage ist dem Held der Sieg gewiß, als er das Tier beim Schopf packt und es durch Zusammenpressen des Solarplexus erstickt; gleichzeitig rammt er ihm sein Knie in den Leib[15]. Bei beiden Kämpfern ist also der Solarplexus zentral am Geschehen beteiligt. Die tiefere Bedeutung dieser Symbolik enthüllt sich allerdings nur, wenn man auf esoterisches Wissen zurückgreift.

In der indischen und beispielsweise auch in der Sufi-Tradition des esoterischen Islam geht man davon aus, daß jeder Mensch sieben feinstoffliche Energiezentren, die Chakren, besitzt. Das oberste liegt am Scheitelpunkt des Kopfes, das unterste in der Genitalregion. Weitere Chakren befinden sich in der Herz-Brust-Region und eines unterhalb des Zwerchfells, am Solarplexus. Im Christentum sind diese Energiezentren ebenfalls bekannt, auch wenn nie ein Begriff dafür geprägt wurde. Mittelalterliche Maler, die beispielsweise Jesus Christus oder Heilige wie Franz von Assisi mit Heiligenschein darstellten, müssen von der feinstofflichen Strahlkraft des obersten Chakras gewußt haben. Ebensowenig ist es wohl ein Zufall, daß auf vielen Christusbildern das Herz hell leuchtend erscheint. Wenn wir von der Herzlichkeit eines Menschen sprechen, sind wir uns kaum noch dessen bewußt, daß unsere Liebesfähigkeit tatsächlich im Herz-Brust-Bereich (Herzchakra) beheimatet ist. Eine Frau, die gerade vom Tod ihres

Mannes erfahren hat, greift sich unbewußt ans Herz – nicht an den Kopf oder an irgendein anderes Körperteil. Selbst in den trivialsten Liebesfilmen kann man diese Geste sehen. Doch die Bedeutung der körperlichen Symbolsprache müssen wir erst wieder erlernen[16].

Das oberste Energiezentrum, auch «Scheitel-Chakra» genannt, kennzeichnet spirituelles Einheitsempfinden; insofern ist es also folgerichtig, daß spirituell vervollkommnete Menschen mit einem Heiligenschein dargestellt werden, der für «Sehende» real wahrnehmbar ist.

Wie steht es nun um das Solarplexus-Chakra, das im Löwe-Mythos eine so große Rolle spielt? Haben Sie schon einmal darauf geachtet, welche Region Ihres Körpers angespannt ist, wenn Sie sich mit jemandem streiten? Es ist die Zwerchfellregion, die sich zusammenkrampft, und bei dem hier befindlichen Chakra geht es um die Ausübung von Macht!

Es sollte uns nachdenklich stimmen, daß Herakles mit seinem Knietritt das Macht-Chakra des Löwen ausschaltet und das Tier gleichzeitig mit dem eigenen Solarplexus erstickt. Selbst im antiken Griechenland wußte die Bevölkerung wohl nichts von der verborgenen Bedeutung dieses Mythos. Nur in Mysterienschulen wurde dieses esoterische Wissen von Mund zu Mund weitergegeben.

Auf der Ebene der Chakren betrachtet, schaltet Herakles durch die Bezwingung des Löwen die negativen Aspekte seiner Solarplexus-Energie aus. Er wird sein Ego nicht länger überschätzen und seine natürliche Autorität künftig nur noch für selbstlose Zwecke einsetzen.

Nach seiner Tat streift sich Herakles das Löwenfell über. Gleichnishaft dokumentiert er damit die Überwindung des hochmütigen Löwe-Anteils in sich. Er wird zum wahrhaft «erlösten» Löwe-Menschen. Die Verbindung zum Tierkreiszeichen Löwe ist dadurch gegeben, daß Herakles mit Molorchos eine dreißigtägige Wartefrist vereinbart, denn dreißig Tage lang hält sich die Sonne in einem Tierkreisabschnitt auf.

Den Schluß der Geschichte bildet das gemeinsame Dankesopfer, das Molorchos und Herakles dem Zeus darbringen. Auch in der Phrixos-Sage kommt die Bedeutung der Opferhandlung zum Ausdruck. Gerade in den Feuerzeichen (Widder, Löwe und Schütze) mangelt es oft an der nötigen Bescheidenheit. Zwar muß der Mensch auch in den übrigen Tierkreiszeichen seine jeweilige Schattenseite opfern, doch in den Feuerzeichen wird solches Tun oft als Schwäche mißverstanden. Die Lektion der Demut ist hier besonders wichtig.

Herakles beweist also schließlich, daß er den Göttern den ihnen gebührenden Respekt nicht verweigert. Der unerlöste Löwe-Typus hingegen verherrlicht sein eigenes Ego und überschätzt die Bedeutung seiner Person: Er macht aus sich einen Pseudo-König, der völlig vergißt, daß selbst Könige gewisse Pflichten zu erfüllen haben und sich einem höheren Gesetz unterwerfen müssen. Nicht umsonst hieß es früher «König von Gottes Gnaden».

Psychologisch betrachtet, ist beim unerlösten Löwe-Menschen die Fähigkeit, etwas zu erdulden, unterentwickelt. Krankheiten verdrängt er genauso gern wie Niederlagen. In seiner kämpferischen Welt ist kein Platz für «sentimentales Wundenlecken».

Auf emotionale Beziehungen läßt er sich trotz seiner scheinbaren Intensität nur bis zu einem gewissen Grad ein. Der «Masochismus schmerzhafter Gefühlstiefe», wie wir ihn im Skorpion noch kennenlernen werden, ist dem Löwe-Menschen fremd. Gern wahrt er in seinen Kontakten ein gewisses Maß an Distanz, um den Überblick zu behalten. Oft gleicht er dem «Partylöwen», der trotz seiner Geselligkeit mit einem Blick die «Revierverhältnisse» abklärt. Mit Schmeicheleien kann man ihn allerdings ködern. Keiner der zwölf Tierkreiszeichen-Typen ist so empfänglich für Lob – sei es nun echt oder falsch – wie der Löwe-Mensch. Da er sich selbst bewundert, erwartet er ganz selbstverständlich, daß ihn auch die Umwelt gebührend respektiert. Tut man ihm diesen Gefallen, so kann ein eben noch spürbarer Machtanspruch im Handumdrehen in väterliche Großzügigkeit umschlagen.

Dem typischen Löwe-Menschen ist es auf jeden Fall wichtig, im Mittelpunkt zu stehen. Seine Selbstsicherheit, sein Stolz und seine oft natürliche Würde sind nur sehr schwer ins Wanken zu bringen. Im Gegensatz zum Krebs-Typus lebt er leidenschaftlich in der Gegenwart. Er genießt es, die Welt als großes Spiel zu betrachten. Überhaupt ist er, und manchmal ist das ganz wörtlich zu nehmen, ein Spielertyp. Nicht nur aus seinem Privatleben, sondern auch aus seinem Berufsalltag macht er gerne ein Spiel. Es liegt auf der Hand, daß man bei permanent hohen Einsätzen auch einmal Pech haben kann. Doch da der Löwe-Mensch ein unverbesserlicher Optimist ist, läßt er sich nur selten entmutigen. Zieht er im spannenden Lebensspiel trotzdem gelegentlich eine vernichtende Niete, so will er sich das auf keinen Fall anmerken lassen. Mit teuren Kleidern und gemieteten Sportwagen läßt sich die Umwelt noch allemal bluffen. Die Art des Bluffs ist natürlich von Fall zu Fall verschieden, doch mit Stargehabe zu imponieren, ist dem Löwe-Typus grundsätzlich nicht fremd. Auf einer niedrigen Ebene kann er sich als penetranter Sexualprotz entpuppen. Sein demonstrativer Stolz ist für ihn – nicht nur auf diesem Gebiet – eine «heilige Kuh», die er aber im Laufe seiner Entwicklung wohl irgendwann einmal wird schlachten müssen.

Ebenso wie vom «König der Tiere» übt der von diesem Tierkreiszeichen geprägte Mensch eine eigenartige Faszination auf seine Umwelt aus. Sein feuriges Temperament, sein Optimismus und seine oft natürliche Erhabenheit nötigen einem auch dann noch Respekt ab, wenn man den Löwe-Typus bereits durchschaut hat. Selbst einem vergleichsweise primitiven Vertreter dieses «Gattung» kann man mitunter nicht böse sein.

Ein Löwe kann seinen Mitmenschen, gerade weil er kein Leid und keine Niederlagen sehen will, in kritischen Lebenssituationen Mut einflößen. Ist die Lage aber hoffnungslos, so wendet er den Blick ab und verdrängt den Schmerz. Sein erprobtes «Heilmittel» besteht meist darin, sich mit vollem Elan in eine neue Aufgabe zu stürzen und das Zurückliegende zu vergessen. Sollte er tatsächlich einmal Unterstützung benötigen, so bittet er selten darum, denn «Betteln» ist mit seinem Selbstwertgefühl nicht vereinbar.

Bewunderung nötigt uns ebenfalls sein Improvisationstalent ab. Er kümmert sich kaum um Details und löst Probleme mit der ihm angeborenen Kreativität. Diese schöpferischen Anlagen kommen manchmal in der Malerei oder auch in der Schauspielkunst zum Ausdruck, denn als Schauspieler auf der Bühne des Lebens versteht er sich ohnehin. Sollte ihm jedoch einmal der zur Aktivität nötige Anreiz fehlen, so gleicht er durchaus einem jener schläfrigen Savannenlöwen, die genüßlich im Schatten liegen.

Noch nicht behandelt haben wir bisher die Rolle des dem Zeichen Löwe gegenüberliegenden Tierkreiszeichens Wassermann. Diesem Prinzip entspricht die Unterordnung unter einen ideellen Gesamtplan, und es symbolisiert die Idee der universellen Bruderschaft aller Menschen. Um diesen Gedanken zu verwirklichen, findet man sich in Gruppen zusammen, die dem Gesamtwohl dienen. Dieses Sich-Einfügen in Gruppen und die Unterordnung unter einen gemeinnützigen Leitgedanken fällt dem Löwe-Menschen jedoch sehr schwer, denn er ist daran gewöhnt, sich selbst in der Hauptrolle zu sehen. Doch gerade diese Einbindung in ein übergeordnetes Ganzes kann ihm dabei helfen, der Gefahr der Maßlosigkeit zu entgehen. Er muß seine «Reviergrenzen» so abstecken, daß niemand darunter zu leiden hat. Die Suche nach dem rechten Maß wird zur Lebensaufgabe.

Die freiwillige Unterwerfung unter eine höhere Idee erlöst den Löwe-Typus. Seine natürliche Souveränität büßt er dadurch nicht ein, im Gegenteil, sie wird gestärkt, und er lebt vor, wie der Mensch zu einem «echten» König wird.

Sprichwörter

- *Willst du sein ein König, so regiere dich selbst.*
- *Hochmut kommt vor dem Fall.*
- *Adel sitzt im Gemüte, nicht im Geblüte.*
- *Es ist nicht alles Gold, was glänzt.*
- *Der Starke ist am mächtigsten allein.* (Friedrich Schiller)
- *Des Ruhmes Würdigkeit verliert an Wert, wenn der Gepriesene selbst mit Lob sich ehrt.* (William Shakespeare)
- *Eigenlob stinkt.*

♍

Jungfrau

Wenn im September die Sonne im Tierkreiszeichen Jungfrau steht, neigt sich der Sommer dem Ende zu. Es ist Erntezeit. Schon das Jungfrau-Sigel weist auf diesen Bezug hin. Die drei senkrechten Striche symbolisieren Getreidehalme. Das rechte Ende des Zeichens erscheint wie ein «p», wobei der Bogen, der die Senkrechte unten schneidet, eine Sichel darstellt, mit der gerade geerntet wird.

Vielen ältere Darstellungen zeigen dieses Tierkreiszeichen als eine Jungfrau mit einer Kornähre. Am Deckengewölbe des Tempels von Dendera sieht man neben der Jungfrau eine Gestalt, die mit einer Sichel mäht. Von daher ist die obige Deutung des Sigels durchaus einleuchtend.

Was im Frühling gesät wird und im Sommer heranreift, wird im September geerntet. Wie ein Bauer zur Jungfrau-Zeit wirtschaftlich «Bilanz zieht», so neigt der Jungfrau-Geborene grundsätzlich zur kritischen Bestandsaufnahme seines Tuns. Er beläßt es aber nicht bei der Überprüfung seiner wirtschaftlichen Situation, sondern stellt sich auch die Frage nach den Ergebnissen seiner Handlungsweise. Dieser Charakterzug hat dem Jungfrau-Menschen zwar den Ruf eines Kleinkrämers und Nützlichkeitsfanatikers eingebracht, doch läßt sich durchaus positiv vermerken, daß kein anderes Tierkreiszeichen einen so umfassenden Beitrag zur Dienstbarmachung des Materiellen leistet.

Wie Stier gehört auch Jungfrau zu den Erdzeichen. Stehen bei Stier-Geborenen jedoch materieller Genuß und damit der persönliche Vorteil im Vordergrund, so stellt sich bei Jungfrau-Menschen oft ein Empfinden für die Bedürfnisse anderer ein. Das soll nicht heißen, daß es unter diesen

Tierkreiszeichen-Typen keine Egoisten gibt, aber auf jeden Fall ist hier ein dienender Aspekt veranlagt, auch wenn er sich manchmal ausschließlich auf nahestehende Personen bezieht.

Um die Gestalt der Jungfrau ranken sich eine ganze Reihe von Mythen und Legenden. Zu Beginn wollen wir uns mit der mittelalterlichen Geschichte vom Einhorn beschäftigen. Dieses pferdeähnliche wilde Tier ließ sich der Sage nach nur von einer Jungfrau bändigen, denn beim Anblick eines keuschen Mädchens wurde das Tier augenblicklich zahm und konnte erlegt werden; es wurde von Jägern verfolgt, weil sein langes Horn heilende Kräfte haben sollte. Das Volk schenkte dieser Fabel Glauben, und so wurden feingeraspelte Narwalzähne als Einhornpulver verkauft. Dieses Mittel half angeblich gegen die schlimmsten Leiden und konnte beispielsweise auch die übelsten Gifte neutralisieren.

Durch die Einhornsage wird nicht nur das Prinzip der Reinheit bestätigt, das dem Tierkreiszeichen Jungfrau entspricht, sondern ebenso die Tatsache, daß auch die Naturheilkunde diesem Zeichen untersteht. Noch heute tragen einige Apotheken den Namen «Zum Einhorn» oder «Einhorn-Apotheke»; dazu kommt, daß sich beim Beruf des Apothekers der Hang zum Systematisieren und Ordnen mit einem sozialen Zweck verbinden läßt. Auch in der klassischen Homöopathie muß man zu einem «wandelnden Lexikon» werden, um das richtige Medikament bestimmen zu können. Tatsächlich sind viele Menschen mit auffälliger Jungfraubesetzung im Horoskop in Berufen des Ernährungs- und Gesundheitswesens beschäftigt.

In einer griechischen Variante[17] der Einhornfabel wird folgendes berichtet: Viele Tiere waren an einem See versammelt, um zu trinken. Doch das Wasser war vergiftet worden, und die Tiere berieten, was zu tun sei.

Jungfrau

Man beschloß schließlich, auf das überirdische Einhorn zu warten. Als das Einhorn eintraf, schlug es mit seinem Horn ein Kreuz über das Wasser und machte es auf wunderbare Weise wieder genießbar.

In dieser Darstellung steht der Reinigungsgedanke im Vordergrund, doch beide Versionen wollen uns sagen, daß Heilung immer nur von einem «keuschen Geist» ausgehen kann. Wer «geistig unbefleckt» ist, kann anderen Menschen zur Gesundheit verhelfen und gleichzeitig sich selbst heilen.

In seiner überaktiven Ängstlichkeit übertreibt dieser Tierkreiszeichen-Typus jedoch oft den Reinlichkeitsgedanken und wird auf diese Weise anfällig für psychosomatische Krankheiten. Gelingt es ihm jedoch, den hypochondrischen Blick auf seinen Körper zu überwinden, so kann sein Interesse an medizinischen Zusammenhängen so stark werden, daß er anderen damit nützen kann.

In der Kunstgeschichte ist das Motiv des Einhorns unbestritten als Sinnbild der Reinheit und Keuschheit anerkannt worden[18]. Der Ausdruck «Jungfrau» wird in unseren Breitengraden auch auf die Jungfrau Maria angewendet, von der berichtet wird, daß sie Jesus nach unbefleckter Empfängnis geboren habe. Die Einhornlegende beschränkt sich nicht auf den europäischen Kulturkreis. In der klassischen indischen Heldendichtung des *Mahabarata* ist von einer unberührten Königstochter die Rede, die ein Einhorn zähmte. Allerdings gibt es in der Kunst auch Darstellungen, die offensichtlich auf erotische Aspekte der Einhorn-Jungfrau-Beziehung anspielen, und in der Antike waren mit dem Begriff «Jungfrau» nicht unbedingt nur keusche Mädchen gemeint; bei einigen Jungfrauenkulten ging es recht orgiastisch zu.

Heuchelei und Aufrichtigkeit in sexuellen Fragen können in diesem Tierkreiszeichen eng nebeneinander liegen. Da sich der Mensch hier schnell in seine Prinzipien verrennt, kann er zum Scheinheiligen werden, der sich nur ungern die eigenen Fehler eingesteht. Dies hindert ihn jedoch nicht daran, mit dem Finger auf andere zu zeigen.

Blickt man jedoch tiefer, so stellt man fest, daß es im Jungfrau-Mythos weniger um das Erlangen sexueller Reinheit als vielmehr um Ganzwerdung und Heilung durch charakterliche Selbstreinigung geht. Wer die Fabel zu eng mit der Sexualität in Zusammenhang bringt – obwohl sie unleugbar eine Rolle spielt –, übersieht das Wesentliche. Im hier dargelegten Sinn kann selbst aus einer «Hure» noch eine «Jungfrau» werden.

Die Sage von Persephone und Demeter, ein anderer Jungfrau-Mythos, beschäftigt sich deutlicher mit dem Thema der Sexualität.

Persephone, die Tochter der Erntegöttin Demeter, war entschlossen, ein keusches Leben zu führen. Doch der lüsterne Unterweltsgott Hades hatte es auf sie abgesehen und entführte sie mit einem Wagen, der von vier schwarzen Hengsten gezogen wurde.

Auf der Suche nach ihrer Tochter wurde Mutter Demeter schwermütig, denn sie konnte ihre Tochter nirgends finden; zudem machte der Gram ihren Leib unfruchtbar, und da sie die Göttin der Landwirtschaft war, kam Trockenheit über das Land. Schließlich konnte Demeter ihre Tochter Persephone in der Unterwelt aufspüren. Nun hatte aber Persephone schon von einem Apfel gegessen, den Hades ihr angeboten hatte, und es gefiel ihr nun in der Unterwelt so gut, daß sie nicht mehr fort wollte. So wurde Zeus um ein Urteil gebeten, und er entschied, daß Persephone sich abwechselnd im Olymp und in der Unterwelt aufhalten solle. Demeter mußte diese Entscheidung akzeptieren.

Nach langem Umherwandern erreichte sie einen Königshof, wo sie den Prinzen Triptolemos erzog, in den sie sich verliebte. Heimlich weihte sie ihn in die Mysterien ein. Sie reichte ihm auch eine Kornähre und hielt ihn an, über den Getreideanbau auf der ganzen Erde zu wachen.

Die keusche Persephone verkörpert den Jungfrau-Menschen, der sein Reinheitsideal verwirklichen möchte. Doch wie so viele hatte sie ihre sexuellen Wünsche nur verdrängt. Hades und seine vier schwarzen Rosse symbolisieren ohne Zweifel diese ungelebte Seite. Überhaupt stehen Pferde in der Bildersprache für «ungezügelte Leidenschaften». Die Zahl vier versinnbildlicht nicht nur in der Astrologie schwierige Auseinandersetzungen und nicht umsonst spricht man von der «Quadratur des Kreises». Planeten, die im Horoskop (und damit im Tierkreis) im Quadrat, also in einem Winkel von 90° (4 x 90° = 360° = ein Kreis), zueinander stehen, symbolisieren bestimmte Herausforderungen. Auf einem älteren chinesischen Holzschnitt beispielsweise sieht man einen Menschen, der in ein Quadrat gestellt ist, und um das Quadrat ist ein Kreis gezogen: hier ist die Überwindung der Zahl vier als Aufgabe verdeutlicht.

Demeter stellt eine weitere Facette des Jungfrau-Typus dar. Sie lehnt die Sexualität ihrer Tochter ab und hält damit moralische Wertvorstellungen aufrecht. Ihr Gram über die auf Abwege geratene Persephone ist so groß, daß das Land austrocknet und unfruchtbar wird; auch sie selbst wird steril. Wer also seine Leidenschaft nicht zu integrieren vermag, wird entweder«geraubt» wie Persephone oder unfruchtbar wie Demeter. Demeter hat den Kontakt zum pulsierenden Leben verloren und wird so spröde wie mancher überreagierende Vertreter des Tierkreiszeichens Jungfrau.

Zeus' Entscheidung, Persephone abwechselnd in den Olymp und in die Unterwelt zu schicken, erinnert uns an die Sage von Kastor und Polydeukes. Die Tierkreiszeichen Zwillinge und Jungfrau werden von dem Planeten Merkur regiert. In beiden Zeichen finden wir eine ambivalente Lebenseinstellung.

Ein bekanntes Motiv ist auch der Apfel; schon in der Bibel ist vom «Apfel der Versuchung» die Rede. Persephone kostet vom Apfel des Hades und findet Geschmack an ihren Trieben. Zeus' Entscheidung zeigt aber an, daß Persephone ihre Triebwelt künftig mit der Welt ihrer Ideale in Einklang bringen muß.

Durch Zeus' Urteil wird auch in Demeter ein Wandlungsprozeß ausgelöst. Sie verliebt sich in Triptolemos und verliert so ihre Sterilität. Auch Triptolemos' Einweihung in die Mysterien sowie die ihm übertragene Aufgabe, für Fruchtbarkeit auf Erden zu sorgen, sprechen eine unmißverständliche Sprache: Der geistig entwickelte Mensch (der «Eingeweihte») kann seine Sexualität (die «Fruchtbarkeit auf Erden») mit einem ihm ebenbürtigen Partner leben.

Sexualität an sich ist keine «Sünde», sondern ein göttliches Geschenk. Nur wenn wir geistig unreflektiert («ohne Einweihung») mit ihr umgehen, werden wir «unkeusch». Die Vereinigung von Mann und Frau ist ein Mysterium, das Bewußtheit verlangt[19]. Wer aber wahrhaft eingeweiht werden will, so sagt uns dieser Mythos, muß sich zu seiner Sexualität bekennen, denn sonst wird er seelisch «vertrocknen». Daß Demeter genau diese Lektion lernen muß, verdeutlicht eine kleine Nebenhandlung der Sage: Als Demeter bei einem glücklichen Ehepaar, Baubo und Dysaules, zu Gast war, konnte sie ihre Betrübnis nicht verbergen. Baubo hob daraufhin in sexueller Anspielung ihre Röcke hoch. Damit wurde Demeter unverblümt demonstriert, daß man seine Sexualität nicht einfach ausblenden kann, ohne Schaden zu nehmen; eben deswegen hatte sie ja auch unter Sterilität zu leiden. Baubos derber Scherz verfehlte seine Wirkung nicht, und Demeter brach in Lachen aus. Damit war das Signal zur Umkehr gegeben. In einer glücklichen Beziehung (Baubo und Dysaules) werden Zärtlichkeit und Sexualität nicht abgelehnt.

Ähnlichkeiten mit Demeter hat auch die Göttin Dike, die über die Gerechtigkeit herrschte. Sie wachte über die Einhaltung der natürlichen Ordnung. Als aber die Menschen zunehmend böser und undisziplinierter wurden, verließ sie die Welt für immer.

Das Thema «Gerechtigkeit» gehört ebenfalls zur Analogiekette des Jungfrau-Prinzips. Die Astrologin Liz Greene sieht in Dikes Ekel gegenüber der Menschheit ein «mythologisches Bild für die traditionelle Abscheu des Jungfrau-Menschen angesichts von Unordnung, Chaos und Verschwendung von Zeit und Substanz.»[20] In der Tat kehrt der von diesem Tierkreisbild Geprägte der Welt oft den Rücken zu, wenn es ihm zu turbulent wird. Chaos und Unordnung entsprechen dem Tierkreiszeichen Fische, das dem der Jungfrau gegenüberliegt.

Von den Sagen, die einen Bezug zu unserem Thema haben, soll nun noch die Legende von Ikarios und Erigone erwähnt werden. Ikarios bewirtete einige Hirten, die bei ihm eingekehrt waren, mit Wein. Da sie die berauschende Wirkung dieses Getränks jedoch nicht kannten, glaubten sie, vergiftet worden zu sein, und brachten Ikarios um. Dessen edle Tochter Erigone fand am nächsten Morgen den ermordeten Vater und erhängte sich aus Kummer. Zeus hatte Mitleid mit ihr und setzte sie als das Sternbild Jungfrau an den Himmel.

Im Wein erkennt der Astrologiekundige das Tierkreiszeichen Fische wieder, dem nicht nur Rauschmittel und Suchtverhalten, sondern auch alles Traumhafte, Chaotische und Irrationale zugeordnet werden. Natürlich steht der Wein in dieser Geschichte auch für alle «berauschenden Vergnügungen» im Leben. Wer, wie die mordenden Hirten, überängstlich reagiert, stagniert in seiner Entwicklung. Auch Erigone, die den introvertierten und grübelnden Jungfrau-Typus verkörpert, ist noch nicht erlöst.

Im alltäglichen Leben fallen Jungfrau-Menschen durch ihre präzise Beobachtungsgabe auf. Ihr erdwärts gerichteter Sinn drängt sie oft zur wissenschaftlichen Forschung. Karikierend könnte man diesen Typus als einen auf klinische Sauberkeit ausgerichteten Spezialisten beschreiben. Die Ursache des Verharrens in Regeln und der «seelischen Trockenheit» liegt – wie bei Demeter – in der Angst vor der Fülle des Lebens begründet. Entweder weicht man in ritualisiertes Verhalten aus und entwickelt beispielsweise einen Putz- und Ordnungsfimmel, oder aber man kapituliert und gibt sich kopflos dem Chaos hin. Entgegen einer in vielen Astrologiebüchern vertretenen Auffassung trifft man mitunter auf solch «untypische» Jungfrau-Menschen. Sie trauern jedoch meist mit einem schlechten Gewissen der verlorenen Ordnung nach.

Einer meiner Klienten, eine «typischer» Jungfrau-Mensch mit Sonne, Merkur und Venus in diesem Zeichen, war von Beruf Steuerberater. Doch auch in seinem Privatleben zeigten sich Jungfrau-Charakteristika. Wenn er etwa mit dem Auto in Urlaub fahren wollte, wurde am häuslichen Schreibtisch alles exakt geplant. Millimetergenau waren dort Lineale, Radiergummis und Schreibgeräte angeordnet; jede kleinste Abweichung versetzte ihn in Panik. Auf einer «Urlaubstabelle» waren die Kilometerdistanzen und die Hotels der einzelnen Etappenziele penibel vermerkt; natürlich konnte auf einer solchen Reise nichts mehr schiefgehen. Die Familie hatte unter diesem zwanghaften Verhalten sehr zu leiden, was der Betreffende auch ohne weiteres zugab.

Selbstverständlich verhält sich nicht jeder, in dessen Horoskop drei oder mehr Planeten im Zeichen Jungfrau stehen, in der beschriebenen Weise, doch ein mehr oder weniger intensiver Strukturierungszwang ist vorhanden. Hier besteht die Aufgabe darin, die Qualitäten des gegenüberliegenden Tierkreiszeichens Fische ins tägliche Leben einzubeziehen; ein wenig Irrationalität und Spontaneität muß zugelassen werden, damit man seine seelische Steifheit überwinden kann. Während man in Jungfrau die Dinge strukturieren und kontrollieren will, muß man in Fische lernen, bestimmte Prozesse sich selbst zu überlassen. Letztlich beruht der Wunsch nach umfassender Kontrolle auf einem tiefsitzenden Mangel an Vertrauen. Gerade in diesem Punkt kann der Jungfrau-Typus viel vom Löwe-Menschen lernen, denn diesem sind grüblerische Analysen und Selbstzweifel vollkommen fremd.

Ähnlichkeiten im Ordnungsverhalten lassen sich auch bei einem anderen Erdzeichen, Steinbock, feststellen. Hier wie dort macht man seine Mitmenschen gerne auf Fehler aufmerksam, doch der Steinbock-Typus gebärdet sich oft besonders lehrerhaft. Wenn wir Leonardo da Vincis Bild *«Das Abendmahl»* betrachten, so sehen wir den dem Tierkreiszeichen Jungfrau zugeordneten Apostel Thomas denn auch im Hintergrund – der Löwe-Apostel hat sich vor ihn gedrängt! Thomas kann es sich aber trotzdem nicht verkneifen, mit erhobenem Zeigefinger auf irgendwelche Mißstände aufmerksam zu machen. Seine kritische Haltung wird nur von Andreas (Steinbock) übertroffen, der es nicht nötig hat, aus dem Hintergrund zu agieren; er gibt mit abwehrender Geste sehr deutlich seinen Mißmut kund. Ähnlich meisterhaft charakterisierte da Vinci die anderen Tierkreiszeichen[21].

Was das Psychische anbelangt, so benötigt der Jungfrau-Mensch viel Zeit zum Verarbeiten des Erlebten. Astro-medizinisch wird dem Zeichen der Darm zugeordnet. Wie die Nahrung im Verdauungstrakt im Lauf von Stunden aufgespalten und ganz allmählich assimiliert wird, so braucht der Jungfrau-Mensch entsprechend lange, um Seelisches zu «verdauen».

In der Psychosomatik ist der Zusammenhang von seelischen Problemen und Darmkrankheiten seit langem anerkannt. Mediziner haben beispielsweise herausgefunden, daß Patienten, die an Durchfall leiden, ein seelisches Problem loswerden wollen; unbewußte Ängste spielen hier eine große Rolle. Bei Verstopfung hingegen ist man «seelisch träge»; statt kritische Situationen zu bereinigen, will man hier «durchhalten». Überhaupt ist der Jungfrau-Typus psychosomatisch relativ anfällig. Die hier häufig anzutreffende mimosenhafte Schwäche muß überwunden werden, wenn man sich einer stabilen Gesundheit erfreuen möchte.

Es wurde schon angedeutet, daß Jungfrau-Menschen nicht selten kühl und nüchtern wirken. Allerdings steckt nur in den wenigsten Fällen Arroganz dahinter. Obwohl sie Kontakten nicht ablehnend gegenüberstehen, gelingt es ihnen kaum, Bedürfnisse offen anzumelden; ihre ängstliche Natur läßt es meist nicht zu.

Der erlöste Jungfrau-Mensch hat diese Ängstlichkeit überwunden. Zwar ist er nicht im engeren Wortsinn, wohl aber in charakterlicher Hinsicht zur «reinen Jungfrau» geworden. Außerdem hat er es gelernt, das Gleichgewicht zwischen vernünftiger, notwendiger Ordnung und Irrationalem (Fische-Prinzip) herzustellen. Die unberechenbaren Seiten des Lebens werden weder mit Regeln zugedeckt (Versicherungszwang!), noch gibt man sich ihnen kopflos hin. Der Sinn für das praktisch Machbare und ein untrügliches Gespür für die natürliche Ordnung des Lebens führen dazu, daß man sich bei solchen Jungfrau-Menschen gerne Rat holt.

Sprichwörter

- *Ordnung ist das halbe Leben.*
- *Vorsicht ist die Mutter der Porzellankiste.*
- *Halte Ordnung, liebe sie, Ordnung erspart dir Leid und Müh.*
- *Was du heute kannst besorgen, das verschiebe nicht auf morgen.*
- *Wer den Pfennig nicht ehrt, ist des Talers nicht wert.*
- *Dem Reinen ist alles rein.* (Tit. 1,15)
- *One apple a day keeps the doctor away. (Iß jeden Tag einen Apfel, und du kannst dir den Arzt ersparen.)*

♎

Waage

Wie schon am 21. März so halten sich auch am 23. September Helligkeit und Dunkelheit die Waage. Im Zusammenhang mit dem Tierkreiszeichen Widder haben wir das Erreichen der Tagundnachtgleiche als Aufbruch des Lebens bedeutet, weil ab diesem Zeitpunkt das Licht überwiegt und das Signal zum Wachstum in der Natur gegeben wird. In Waage dagegen verhalten sich die Dinge ganz anders. Frühling und Sommer sind vorüber. Statt einer Expansion kündigt sich jetzt das Eintreten einer Beruhigung an. Die Entwicklung der Natur kommt zum Stillstand; bis zum Jahresende wird nun die Dunkelheit vorherrschen.

Symbolisiert Widder den Beginn eines Entwicklungszyklus, so markiert Waage dessen Ende. Mit der zweiten Tagundnachtgleiche des Jahres wird wieder ein Ausgleich herbeigeführt, eine natürliche Harmonie stellt sich ein. So zeigt denn auch das Sigel dieses Tierkreiszeichens eine stilisierte Waage. Es ähnelt einem altägyptischen Zeichen für «Gleichgewicht». Da in Widder die Tagundnachtgleiche eine völlig andere symbolische Bedeutung hat, trifft das Sinnbild der Waage nur für den Herbst zu. Waagebetonte Menschen sind in ihrer Lebensweise auf Ausgleich bedacht, weil sie Disharmonien unerträglich finden. Wer jedoch den Ausgleich zum Prinzip erhebt, geht oft «faule Kompromisse» ein. Entscheidungsschwäche und fehlendes «Rückgrat» sind die Schattenseiten des Waage-Typus, der mitunter auch mangelnde Willenskraft und Prinzipienlosigkeit mit Scheinaggressivität überdeckt.

Das Zeichen Waage besitzt Ähnlichkeiten mit dem der Zwillinge. Beide gehören zu den kommunikativen Luftzeichen. Ein großer Unterschied besteht jedoch darin, daß Zwillinge-Menschen zwischen Rationalität und Gefühl hin- und hergerissen sind, während der Waage-Typus zwischen Ich und Du balanciert. Traditionell wird Waage als «Ehezeichen» betrachtet, in dem Ich und Du zum Ausgleich gebracht werden sollen. Mit Hilfe eines Partners soll ein Gleichgewicht erlangt werden. Erst über das Du bekommt der Waage-Typus Aufschlüsse über seine eigene Ichstruktur.

Im ethischen Bereich hat das Bestreben, seine individuellen Rechte mit denen eines Anderen zu vereinbaren, einen Bezug zur Rechtsprechung. Das Symbol der Waage stand früher für die Justiz, die unterschiedliche Standpunkte zu einem weisen Ausgleich bringen muß; insbesondere das Scheidungsrecht entspricht dem «Ehezeichen» Waage.

Die Waage wurde jedoch auch mit dem «jenseitigen Gericht» in Verbindung gebracht. Bei den Ägyptern war sie ein Symbol für das Abwiegen guter und schlechter Taten nach dem Tode. Der Totengott Anubis geleitete den Verstorbenen zum Gericht, wo dessen Herz gewogen wurde. Hier sei noch einmal an die Symbolbedeutung des Herzens, die Liebesfähigkeit des Menschen, erinnert. Wenn die beiden Waagschalen im Gleichgewicht waren, so hatte der Betreffende in seinem Leben genauso viel Gutes wie Böses getan. Das Urteil fiel dann positiv für ihn aus. Überwog jedoch das Negative, so wurde er verdammt.

Ähnlich wie der Jungfrau-Mensch besitzt auch der Waage-Typus ein gutes Gespür für Recht und Unrecht, doch ist für ihn das Einhalten von Regeln nicht oberstes Prinzip. Aus mangelnder Standfestigkeit will er es sogar allen recht machen. Hinterher regt sich dann wegen der vielen Notlügen das schlechte Gewissen. Gerade weil der Waage-Typus mit jedem ein harmonisches Verhältnis aufbauen möchte, verunmöglicht er am Ende genau das durch die unvermeidlichen Widersprüche, in die er sich verstrickt.

Waage

In der Praxis ist Waage also alles andere als das «Harmoniezeichen», für das man es hält. Und ist erst einmal innere Disharmonie entstanden, dann zieht das oft noch weitere Fehltritte nach sich.

Im Mythos finden wir einen typischen Waage-Vertreter in Adonis, der, wie so viele Menschen mit einer Betonung dieses Tierkreiszeichens, unter einer eklatanten Entscheidungsschwäche leidet.

Adonis ist zugleich in Persephone und Aphrodite verliebt, kann sich jedoch nicht zwischen den beiden entscheiden. Abwechselnd lebt er mit der einen und dann wieder mit der anderen zusammen. Auf einer Jagd wird er schließlich von einem wilden Eber verletzt, und er stirbt an den Folgen dieses Unfalls. Danach muß er wiedergeboren werden.

Nicht jeder Mensch, in dessen Horoskop das Waage-Zeichen betont ist, pendelt zwischen mehreren Partnern hin und her, doch bezieht sich seine Urteilsunfähigkeit in der Tat nicht gerade selten auf diesen Bereich. Das Unvermögen, einen festen Standpunkt zu beziehen, wird durch den Jagdunfall symbolisch bestraft. Die Jagd untersteht dem Tierkreiszeichen Widder, das dem Waage-Zeichen gegenüberliegt und genau die Aspekte verkörpert, die in Waage fehlen: Mut zur Entscheidung und Kämpferwille. Wer die positiven Widder-Entsprechungen nicht in sein Leben integriert, so werden wir belehrt, der hat unter den negativen Analogien (etwa einem Jagdunfall) zu leiden.

Am Schluß der Geschichte muß Adonis wiedergeboren werden. Wer an die Reinkarnation glaubt, kann dies wörtlich nehmen. So lange eine Lebensaufgabe nicht gelöst wurde, muß die Seele wiedergeboren werden, und zwar bis sie ihre Lektionen gelernt hat. Wer den Reinkarnationsgedanken nicht akzeptieren kann, sollte das Ende der Sage auf sein jetziges Leben beziehen: Nach selbstverschuldeten Niederlagen muß man den Kampf gegen alte Fehler von vorn beginnen.

Viele Parallelen zum Adonis-Mythos sind in der Geschichte von Paris zu finden. Dieser Prinz wurde von Zeus zum Schiedsrichter (!) in einem Götterstreit erkoren. Athene, Aphrodite und Hera erschienen mit dem Götterboten Hermes vor Paris, der ihren Streit mit seinem Urteilsspruch beenden sollte. Hermes reichte dem Paris einen goldenen Apfel und forderte ihn auf, die Frucht der schönsten der drei Göttinen zu überreichen.

Paris jedoch wollte es sich mit keiner verderben und gab vor, er könne sich nicht entscheiden. Er wollte den Apfel in drei gleiche Stücke teilen, doch dies wurde ihm nicht gestattet. Er gab aber auch weiterhin kein Urteil ab und begründete dies damit, daß man ihm die Rolle des Schiedsrichters gegen seinen Willen aufgezwungen habe und er in seiner Wahl nicht frei sei. Paris fürchtete den Zorn der zwei unterlegenen Göttinnen, wie seine Entscheidung auch ausfallen würde. Alle drei versicherten ihm jedoch, sie würden faire Verliererinnen sein.

Um ihm den Urteilsspruch schmackhafter zu machen, versprach ihm jede für den Fall ihres Sieges ein ganz besonderes Geschenk: Athene gelobte, ihm Unbesiegbarkeit im Kampf zu verleihen, Hera wollte ihm Macht und Reichtum schenken, und Aphrodite schließlich versprach ihm die schönste Frau der Welt, Helena, zum Weibe. Helena war zwar verheiratet, doch wollte Aphrodite für den Fall ihres Sieges die Dinge zu Paris' Gunsten richten. Paris konnte schließlich Aphrodites Angebot nicht widerstehen und überreichte ihr den Apfel; sie löste ihr Versprechen ein und führte Paris und Helena zusammen. Athene und Hera jedoch erwiesen sich, entgegen dem von ihnen gegebenen Ehrenwort, als schlechte Verliererinnen. Sie zettelten Trojas Zerstörung an, bei der Paris ums Leben kam.

Wie Adonis muß auch Paris eine Entscheidung treffen, der er lieber ausweichen möchte. Der Apfel, den wir schon aus dem Persephone-Mythos kennen, ist wieder als Lust- und Liebessymbol mit von der Partie. Paris' Vorschlag, den Apfel in drei gleiche Teile zu teilen, ist bezeichnend für seine Feigheit. Die Angebote von Hera und Athene lehnt er ab; aus Reichtum (Stier-Mythos), repräsentativer Macht (Löwe-Mythos) und Unbesiegbarkeit (Widder-Mythos) macht er sich nichts. Er entscheidet sich für Aphrodite, die, wie ihre römische «Kollegin» Venus, als Göttin der Schönheit verehrt wurde. Wie Venus und Aphrodite verkörpert das Tierkreiszeichen Waage das Streben nach Harmonie und das Schöngeistige. Es ist klar, daß Paris als Waage-Held der Verlockung von Aphrodites Vorschlag nicht widerstehen konnte.

Obwohl Paris mit Helena, der schönsten Frau der Welt, beglückt wird, muß er für seine Entscheidung mit seinem Tod büßen. Die mythischen Waage-Helden scheinen sowohl Entscheidungsunfähigkeit (Adonis) als auch falsche Entscheidungen (Paris) mit dem Leben bezahlen zu müssen. Genau wic Adonis stirbt auch Paris im Zusammenhang mit einer gewaltsamen Handlung. Jagden wie auch Kriege unterstehen dem Widder-Prinzip. Hätte sich Paris nicht für das bequeme und verlockende Angebot der Aphrodite, sondern für Athenes Angebot, den Widder-Mythos der Unbesiegbarkeit, entschieden, so hätte ihn keine der beiden anderen Göttinnen bestrafen können[22]. Doch wer weiß, was dann geschehen wäre… Auf jeden Fall weigern sich sowohl Adonis als auch Paris, das Widder-Prinzip in ihr Leben einzubeziehen. Genau dies ist aber die Aufgabe aller Menschen mit einer Venus- oder Waage-Betonung.

Auch der Mythos von Eros und Psyche thematisiert die Beziehung der Geschlechter. Psyche (griechisch «Seele») war so schön wie Aphrodite und erregte deren Neid, als sie sich in Eros, den Liebesgott, verliebte, denn Eros konnte Psyches Schönheit nicht widerstehen und verband sich mit ihr; er verlangte jedoch, daß sein Gesicht immer in Dunkelheit gehüllt bleiben müsse. Psyche aber konnte ihre Neugier nicht zügeln und entzündete eines nachts heimlich eine Öllampe, die sie über sein Gesicht hielt. Als sie seine Schönheit erblickte, zitterte ihre Hand, und ein Öltropfen fiel auf Eros' Gesicht, der sogleich erwachte, ihr bittere Vorwürfe machte und sie auf der Stelle verließ.

Auf der verzweifelten Suche nach ihrem Geliebten traf Psyche auf Aphrodite, die versprach, ihr zu helfen, wenn Psyche ihr Persephones magische Salben, die sich in einem Versteck befanden, beschaffe. Als Psyche die Zwecklosigkeit dieses Unterfangens einsehen mußte, wollte sie sich von einem Turm zu Tode stürzen; doch da ertönte eine innere Stimme, die ihr das Versteck der Salben mitteilte.

Endlich in den Besitz der Salben gelangt, konnte sie nicht an sich halten und öffnete eines der Döschen. Der Geruch war jedoch so betäubend, daß sie wohl gestorben wäre, wenn nicht der von Mitleid bewegte Eros zu ihrer Rettung herbeigeeilt wäre.

Der Mythos von Eros und Psyche beschäftigt sich weniger mit den Entscheidungsschwierigkeiten des Waage-Typus als vielmehr mit dessen Unvermögen, innerlich ins Gleichgewicht zu kommen.

Die Seele (Psyche) des Menschen befindet sich auf der immerwährenden Suche nach ihrer Ergänzung (Eros). Wird ihr das ersehnte Glück dann zuteil, so entweiht sie das Geheimnis der Liebe durch ihre Neugier. Der unbedachtsame Umgang mit der Öllampe zeigt, daß Psyche Eros ganz besitzen oder sehen will. Damit begibt sie sich in psychische Abhängigkeit, was natürlich geahndet werden muß: Eros verläßt sie.

Die rastlos nach ihrem Geliebten Suchende gleicht dem Waage-Menschen, der sich selbst nur durch andere entdecken kann. Lieber will sich Psyche in den Tod stürzen, als weiterhin alleine zu leben. Das Selbstbewußtsein dieses Typus entwickelt sich in erster Linie durch die Spiegelung am Du; deshalb kann es hier bei Einsamkeit zu depressiven Verstimmungen kommen.

Die Stimme, die Psyche auf dem Turm hört, ist zweifellos die göttliche innere Stimme. Vernehmen wir sie, so finden wir die Orientierung wieder. Die Salben symbolisieren das Geheimnis von Schönheit und Liebe. Nachdem Psyche schon vorher verbotenerweise die Lampe entzündet hatte, entweiht sie nun das Mysterium der Liebe durch das Öffnen der Dosen zum zweiten Mal. Ihren Fehler, die Liebe besitzen zu wollen, sieht sie immer noch nicht ein. Wer zu ungeduldig seiner Sucht nach dem Du Vorschub leistet, vertreibt das vorhandene Glück. Der Mythos übt Kritik an der rastlosen Unbeständigkeit der Menschen, denen es nicht gelingt, seelisch ins Gleichgewicht zu kommen, und die es vorziehen, sich in Abhängigkeit zu begeben.

Im Gegensatz zu den Mythen von Adonis und Paris erleben wir hier ein «Happy-End», denn Psyche wird von Eros (vom Du) gerettet. Symbolisch will uns dies sagen, daß wir erlöst werden, wenn unsere Hingabe an den anderen intensiv genug ist; unsere Fehler können uns dann verziehen werden.

Die Tendenz des Waage-Menschen, sein Ich durch das Du zu erkennen, enthüllt zwei Seiten derselben Medaille: Ich-Schwäche einerseits und Hingabefähigkeit andererseits.

Im Alltag begegnet uns der Waage-Typus meist als liebenswürdiger und kontaktfreudiger Zeitgenosse. Folgt der im vorangehenden Tierkreiszeichen Jungfrau Geborene noch dem Nützlichkeitsprinzip, so beachtet der Waage-Mensch eher die unbeschwerten und schöngeistigen Dinge des Lebens. Wie schon der Mythos zeigt, legt er sich nicht gerne fest, sondern gibt demjenigen nach, der entweder den stärksten Druck ausübt oder aber das verlockendste Angebot macht (wie Aphrodite dem Paris); dies zieht manchmal den Vorwurf des Opportunismus nach sich. Ob tatsächlich, wie in vielen Astrologiebüchern behauptet wird, ein «Mangel an Persönlichkeit» vorliegt, ist wiederum eine Niveaufrage, die aufgrund des Horoskops allein nie entschieden werden kann.

Wenn die ethischen Prinzipien nicht weiter entwickelt sind, folgt der Feigheit vor der Verantwortung allerdings schnell das Abgleiten in die Lüge – nach dem Motto: Was kümmert mich mein dummes Geschwätz von gestern? Auf einen solchen Waage-Menschen kann man sich nicht verlassen, weil er voreilig Dinge verspricht, die er nicht halten kann. Nein zu sagen, bereitet ihm große Probleme. In schwierigen Situationen weicht er der notwendigen Entscheidung gerne bis zum allerletzten Augenblick aus. Oft muß dann der Ehepartner oder eine nahestehende Person das Ruder für den Betreffenden in die Hand nehmen.

Die Rolle des Gegenübers bekommt beim Waage-Menschen häufig ein Übergewicht – wie auch der Psyche-Mythos zeigt –, denn aus sich selbst heraus entwickelt er nur selten genügend Lebensantrieb. Seine Aktivität erschöpft sich im Streben nach Anpassung. Anders ausgedrückt, reagiert er lieber auf äußere Reize, als daß er autonom agiert. Aus diesem Grund entfaltet er ein untrügliches Gespür für «Bedürfnislücken» oder Unausgewogenheiten, das er sich allerdings nur dann zunutze macht, wenn er mit niemandem offen um seinen Vorteil kämpfen muß, und in der Praxis wird der Friede häufig mit einer uneingestandenen, stillschweigenden Unterordnung bezahlt.

Im beruflichen Umfeld kann der Sinn für das Entdecken von «Lücken» sehr vorteilhaft sein, und manch einer macht Karriere, ohne daß es seinen Kollegen überhaupt auffällt. Dieser Typus erkennt auf jeden Fall als erster, wenn irgendwo ein Ungleichgewicht vorhanden ist.

Ein großes Manko des Waage-Menschen ist sein Mangel an Konsequenz und Durchhaltevermögen. Zuweilen wird ihm seine Labilität bewußt und bewirkt Selbsthaß. Die Lektion besteht dann darin, daß er seine Schwäche zunächst voll akzeptiert, erst dann kann er damit beginnen, aus sich eine willensstärkere Persönlichkeit (Widder-Prinzip) zu machen.

Oft ist dem Waage-Typus ein gewisses ästhetisches Empfinden angeboren. Zwar wird sich nicht jeder gleich als Bühnenbildner, Dekorateur oder Grafiker betätigen, doch optische Geschmacklosigkeiten können selbst einen wenig entwickelten Vertreter dieses Zeichens stören.

Der erlöste Waage-Mensch hat die Widder-Eigenschaften «in Ausgleich» mit seiner Waage-Natur gebracht. In ihm verbindet sich die Fähigkeit, auf das Du zuzugehen, mit einem gesunden Selbstbewußtsein. Statt abhängig zu werden, verliert er in Partnerschaften nie den Bezug zu seinem Ich-Kern.

Die Entscheidungsunfähigkeit hält sich bei ihm in Grenzen, weil er genügend Mut entwickelt hat, um auch einmal ein Risiko einzugehen. Trotz seines Gespürs für Gleichgewicht und Harmonie wird er nicht, wie Paris, zum orientierungslosen Schiedsrichter. Anders als Adonis ringt er sich zu nötigen Entscheidungen durch. Im Alltag vermag er die hin- und herschwankenden Waagschalen in ruhiger Überlegung auszubalancieren, ohne jedoch zum opportunistischen Taktiker zu werden. Seine charmanten Umgangsformen und sein Sinn für das Ästhetische machen ihn allseits gern gesehen.

Sprichwörter

- *Von bloßer Liebe raucht der Schornstein nicht.*
- *Die Waage zeigt, ob schwer oder leicht, aber nicht ob Gold oder Silber.*

- *Das Spiel des Lebens sieht sich heiter an, wenn man den sichern Schatz im Herzen trägt.* (Friedrich Schiller)
- *Liebe, sagt man schön und richtig, ist ein Ding, was äußerst wichtig.* (Wilhelm Busch)

♏

Skorpion

Im Skorpion-Monat November stirbt die Natur endgültig ab. Kahle Bäume verkünden das Ende des Vegetationszyklus. Der erste Frost bedeutet für viele Pflanzen den Tod, und überall riecht es jetzt nach verfaultem Laub. Auch der Mensch fühlt nun den Winter nahen. Die dunklen, feuchten Abende laden nicht gerade zu geselligem Treiben ein. Es beginnt die Zeit der Innenschau. Symbolisch fordert die zunehmende Dunkelheit dazu auf, sich mit den Schattenseiten der Seele auseinanderzusetzen.

Anfang November feiert man Allerheiligen und Allerseelen; mit einer entzündeten Kerze gedenkt man der Toten. In der dunklen Jahreszeit gemahnt uns das Kerzenlicht an das Nahen einer anderen, nicht physischen Lichtquelle, denn auch die Natur stirbt nur scheinbar ab und versinkt auf geheimnisvolle Weise in Winterschlaf. Geistig entspricht dem Zeichen Skorpion die Durchforstung der «dunklen Seele» nach ihrem Lichtfunken. Diese mühsame Suche in der Unterwelt gestaltet sich weniger intellektuell und rational als in Steinbock, sondern ist mit leidenschaftlichen seelischen Kämpfen verbunden. Wer hier aber energisch genug in die Tiefe bohrt, kann den kostbarsten Besitz des Menschen kennenlernen.

Die am Ende des Vegetationszyklus auf Waage folgenden Tierkreiszeichen weisen mehr auf eine Welt des Transzendentalen hin. Skorpion bildet das Tor zu dieser anderen Welt. Das konkret Greifbare läßt man hier hinter sich; man opfert es, um dafür etwas Neues geschenkt zu bekommen. Im Tierkreiszeichen Skorpion muß der Mensch oft alles Liebgewonnene auf schmerzhafte Weise loslassen; er muß «sterben», wie auch die Natur in dieser Zeit abstirbt. Viele wehren sich dagegen, ihr Ego um einer ungewissen Frucht willen zu transformieren, deswegen kann der Vertreter dieses «geistigen Zeichens» in der Praxis ausgesprochen materialistische Züge annehmen. Der Wunsch nach Macht, Besitz und Ekstase steigert sich dann ins Uferlose, und dadurch geht der Betreffende einer notwendigen seelischen Umgestaltung aus dem Wege. Irgendwann jedoch muß auch er seinem niederen Ich den «Gnadenstoß» versetzen.

Im Französischen bezeichnet man den Orgasmus nicht zufällig als *le petit mort*, «kleiner Tod». Im sexuellen Akt muß der Mensch sein Ego absterben lassen, um sich der Ekstase hingeben zu können. Dahinter ist eine symbolische Weisheit verborgen, auf die wir später noch eingehen werden. Der dem Skorpion-Typus zugeschriebene leidenschaftliche sexuelle Drang weist jedenfalls auf Tieferliegendes hin.

Das Sigel dieses Tierkreiszeichens erinnert zweifellos an den giftigen Stachel des Skorpions. Nicht von ungefähr befindet sich der Stachel auf der Darstellung unten. Dies soll verdeutlichen, daß sich die Aktivität hier im nicht sichtbaren Bereich abspielt. Der Skorpion ist ein lichtscheues Tier, das sich in der Dunkelheit am wohlsten fühlt. Er lebt im Untergrund und in Erdlöchern. Bei Gefahr tötet er sich selbst. Auch der skorpiongeprägte Mensch liebt das Dunkle und Hintergründige. Er ahnt die Notwendigkeit, sein altes Ego absterben zu lassen. Wer sich dagegen wehrt, dessen Leben entwickelt sich oft zu einem Drama. Sehr treffend drückt Goethe (Aszendent in Skorpion) die Notwendigkeit der eigenen Metamorphose aus:

> Und so lang du das nicht hast,
> dieses Stirb und Werde,
> bist du nur ein trüber Gast
> auf der dunklen Erde.

Skorpion

Sehr eng mit dem Jahreszeitenzyklus verknüpft ist die Wotan-Legende aus dem nordischen Kulturkreis. Der Gott Wotan unternahm eine Reise durch die zwölf Fürstentümer seines Reiches. Jedes Fürstentum wurde von einem mächtigen Herrscher regiert. Auf seiner großen Fahrt wurde Wotan von den ersten sieben Fürsten freundlich empfangen und bewirtet.

Als der König zu seiner achten Reisestation aufbrach, begann er zu ermüden; auch sein Augenlicht ließ nach. An der Grenze zum achten Reich angelangt, erblickte er ein Land mit viel Nässe und Nebel; auch dessen Herrscher, Loki mit Namen, war nicht so schön anzuschauen wie die vorigen. Er hatte dunkle, stechende Augen und blickte finster drein. Sein Charakter war durch Gier und Neid gekennzeichnet. Mit gespielter Freundlichkeit empfing er Wotan; zuvor jedoch hatte er den blinden Gott Hödur überredet, Wotan an einer vereinbarten Stelle zu erschlagen. Als Loki mit seinem Gast an diesen Ort kam, schleuderte Hödur einen Speer aus Mistelholz in Wotans Rücken. Zwei Raben begleiteten den toten König anschließend in die Unterwelt.

Die Interpretation dieser Geschichte bereitet wohl keine großen Probleme: Wotans Reise stellt den Jahreslauf der Sonne durch die zwölf Tierkreiszeichen dar. Die zwölf Fürstentümer werden von jeweils einem Herrscher (dem «regierenden Planeten») verwaltet.

Das achte Reich entspricht dem achten Tierkreiszeichen, dem Skorpion, und ist von Feuchtigkeit und Nebel gekennzeichnet. Wotans nachlassende Sehkraft entspricht der im November vorherrschenden Dunkelheit, und Wotans Müdigkeit deutet auf die allmählich absterbende Natur hin. Wenn die Raben den Gott nach seiner scheinbaren Tötung in die Unterwelt bringen, so soll damit auf die bevorstehende Wanderung der Sonne durch die Winter-Tierkeiszeichen hingewiesen werden.

Loki, der unerlöste Skorpion-Typus, ist neidisch, machtgierig und hat außerdem stechende Augen. Selbst der entwickelte Skorpion-Mensch besitzt einen «Röntgenblick», mit dem er sein Gegenüber durchleuchtet. Allerdings wird er, im Gegensatz zu Loki, seine Fähigkeiten nie zum Schaden, sondern vielmehr zum Nutzen anderer einsetzen.

In keinem anderen Tierkreiszeichen stehen so viele psychologische Finessen zur Verfügung wie in Skorpion. Im Guten wie im Schlechten ist der Skorpion-Mensch der Magier des Seelischen. Nichtsahnend läßt sich Wotan von Lokis Freundlichkeit blenden und muß mit dem Tod dafür bezahlen. Der *blinde* Hödur erschlägt ihn mit einem Mistelholzspeer. Nur ein Unwissender, so will dies sagen, ist in der Lage, den göttlichen Seelenfunken abzutöten. Der Speer war wohl deshalb aus Mistelholz gemacht, weil diese Pflanze in der Biologie als Parasit gilt[23]. Sie nimmt die Nahrung nicht selbständig aus dem Boden auf, sondern zapft Bäume als Wirtspflanzen an. Die Erfinder dieser Legende haben offenbar von einer bestimmten Tendenz des nicht entwickelten Skorpion-Menschen gewußt: Seine innere Destruktivität kann derart groß werden, daß er nur noch auf Kosten anderer leben kann. Selbst wenn er diese Schwäche zeigt, kann man sich seinem «magischen Sog» allerdings nur schlecht entziehen.

Doch in erster Linie wurde die Mistel vermutlich wegen des jahreszeitlichen Bezugs gewählt: Sie soll symbolisieren, daß im Winter die Dunkelheit auf Kosten des Lichtes regiert.

Nirgends in der Literatur ist der Skorpion-Typus mit seinen extremen Höhen und Tiefen so vollendet dargestellt worden wie in Goethes *«Faust»*. Was das Erdzeichen Stier im materiellen Bereich verwirklichen will, das erstrebt das Wasserzeichen Skorpion im seelischen. Mit aller Gewalt möchte der von diesem Zeichen Geprägte Macht über seelische Vorgänge erlangen. Gerade in dieser Motivation unterscheidet er sich sehr vom Löwe-Menschen, dem es vor allem um den repräsentativen Glanz der Macht geht. Der Skorpion-Typus zieht die Fäden lieber aus dem Hintergrund, dafür aber um so effektiver.

Nicht nur Faust, sondern auch Mephistopheles stellt einen Skorpion-Aspekt dar. Letzterer ist ein Zyniker, wie er im Buche steht. Sich selbst bezeichnet er als Geist, der «stets verneint», und doch das Gute schafft. Wenn wir uns an das Tierkreiszeichen Waage erinnern, so war dort das Nein-Sagen noch ein Problem. Im Skorpion-Zeichen hingegen wird das Akzeptieren-Können zur Aufgabe. Alles wird bezweifelt und hinterfragt, und diese zersetzende Analyse macht vor nichts halt. Tabus und Schamgrenzen sind unbekannt. Wer aber dem ganzen Ausmaß seiner Negativität ins Gesicht zu schauen vermag, entwickelt den zur Umwandlung des Ego nötigen Impuls. Wie Mephistopheles so treffend sagt, wird durch dauernde Verneinung (Negativität) am Ende doch das Gute geschaffen. In letzter Konsequenz dient das «Böse» also immer nur zur Erkenntnis des Guten. Mephistopheles sagt die Wahrheit, obwohl er eigentlich das Licht-Prinzip bekämpft.

Eine der «verneinendsten» Philosophien ist ohne Zweifel der Existentialismus. Bei Jean-Paul Sartre, einem Vertreter dieser Strömung, war im Horoskop nicht nur das Zeichen Skorpion, sondern auch der Planet Pluto, der Regent von Skorpion, betont. Dem existentialistischen Denkansatz gilt in der bedrohlichen Angst vor dem Nichts nur die Existenz der eigenen Person als real, alles andere wird radikal in Frage gestellt. Für den Existentialismus ist deswegen die Auseinandersetzung mit dem Tod, der einzigen Gewißheit im Leben, von größter Wichtigkeit.

Simone de Beauvoir (Skorpion-Aszendent) konnte dieser am eigenen Leid orientierten Philosophie auch Positives abgewinnen[24]. In ihrem Roman *«Alle Menschen sind sterblich»* ist die Hauptfigur unsterblich, und sie verzweifelt an sich, weil all ihr Denken und Fühlen immer nur relativen Wert hat. Simone de Beauvoir kommt zu der Schlußfolgerung: Nur wer sich seiner Sterblichkeit bewußt ist, kann Gefühle intensiv erleben. Erst durch die Unwiederholbarkeit und Vergänglichkeit des Augenblicks bekommen einzelne Taten für uns und unsere Mitmenschen Bedeutung. Den Gedanken, daß die Sterblichkeit des Menschen am Ende kein Nachteil, sondern ein Gewinn ist, kann man sicherlich als skorpionische Vorstellung bezeichnen.

Faust ahnte wohl, wie bald ihm langweilig geworden wäre, wenn er einem schönen Augenblick Unendlichkeit hätte verleihen können. Jedenfalls ging er den Pakt mit dem Teufel ein:

> Werd ich zum Augenblicke sagen:
> Verweile doch! Du bist so schön!
> Dann magst du mich in Fesseln schlagen,
> Dann will ich gern zugrunde gehn!

Trotzdem war es Fausts Sehnsucht, alle seelischen Gipfelerlebnisse intensiv auskosten und festhalten zu können[25]. Fast hätte er den verhängnisvollen Ausspruch denn auch getan. In seiner unersättlichen Leidenschaft, die selbst vor dem Verkauf der eigenen Seele nicht zurückschreckt, verkörpert er das Skorpion-Prinzip in Reinkultur. Er will alles oder nichts, weil er mit dem gewöhnlichen Leben nicht zufrieden ist. Unzufriedenheit und Zweifel kommen denn auch in einem anderen Faust-Zitat zum Ausdruck: «Die Botschaft hör' ich wohl, allein mir fehlt der Glaube.»

Obwohl ein «Sünder», erlangt Faust zum Schluß mit Hilfe des Göttlichen Befreiung. Die singenden Engel verraten uns, warum: «Wer immer strebend sich bemüht, den können wir erlösen.» Wer sich trotz seiner Niederlagen in der Unterwelt (Negativität) um das Licht bemüht, der wird letztlich gerettet. Der oft masochistisch anmutende Kampf mit der eigenen Schattenseite, die den Skorpion-Typus häufig so bedrohlich erscheinen läßt, ist zugleich sein größtes Plus. Auch bei Mißerfolgen bohrt er in zerfleischender Selbstkritik immer weiter. Seine Devise lautet: Selbst im dunkelsten Tunnel muß irgendwann ein Licht erscheinen.

Im Umgang mit skorpionbetonten Menschen werden wir gezwungen, uns mit dem eigenen «Teufel» auseinanderzusetzen. Sie zeigen uns auf schmerzhafte Weise, wo der giftige Stachel sitzt, mit dem wir diesem Teufel begegnen können.

Im griechischen Mythos hat die Legende von Orion eine direkte Verbindung zu Skorpion. Im Gegensatz zu vielen anderen Gestalten in Tierkreiszeichen-Sagen verkörpert Orion den Typus des negativen Helden. Obwohl ein Anti-Held, ist er die einzige Figur der Tierkreiszeichen-Mythen, von der ausdrücklich berichtet wird, daß sie eine Wanderung durch die Dunkelheit zum Sonnengott und von dort wieder zurück zum Ausgangspunkt unternimmt.

Der Jäger Orion kam auf seinen Streifzügen einmal nach Chios. Beim Weinbauern Oinopion kehrte er ein und vergewaltigte im Rausch dessen Frau[26]. Aus Rache blendete Oinopion ihn dafür. Als Blinder schlug sich Orion zur Insel Lemnos durch. Dort traf er den Schmied Kedalion, der ihn auf seine Schultern nahm und ihn dem Sonnenaufgang entgegentrug. Sie wanderten über die Berge bis zu der Stelle, wo die Sonne aufging. Dort wurde Orion das Augenlicht zurückgegeben. Sogleich schmiedete Orion Rachepläne gegen Oinopion. Er begab sich zu dessen Haus, konnte ihn jedoch nicht finden, weil dieser sich versteckt hatte. Orion ließ seine unerfüllte Rachsucht nun an den Tieren aus, und die Göttin Artemis fürchtete schon, er würde mit seinen Jagden die ganze Natur ausrotten. Als sie ihn zur Rede stellte, vergewaltigte Orion auch sie. Um seinem grenzenlosen Wüten ein Ende zu setzen, befahl Artemis der Erde, einen Skorpion zu schicken, und dieser tötete Orion mit seinem giftigen Stachel.

Der Leser wird sich vielleicht fragen, warum der Skorpion-Held ein Jäger ist. Wie wir sahen, gehören Kriege und Jagden zum Widder-Mythos. Der Kriegsgott Mars (bei den Griechen «Ares») regiert jedoch nicht nur Widder, sondern auch Skorpion. Erst in jüngerer Zeit wurde der neu entdeckte Planet Pluto dem Skorpion-Zeichen zugeordnet. Der Unterschied zwischen der Aggressivität eines Widder-Geborenen und der eines Skorpion-Geborenen liegt darin, daß letzterer einen eher seelischen Vernichtungsdrang empfindet. Unter dem Feuerzeichen Widder ist man meist von einer «gesunden», also lebensnotwendigen Aggression geprägt, denn das Lebewesen kann sich hier erst durch eine Energieleistung sein Existenzrecht sichern.

Im Orion-Mythos finden wir die negativsten Skorpion-Entsprechungen, die man sich vorstellen kann: gewalthafte Sexualität, Rachegefühle und sinnlose Brutalität. Die beiden Vergewaltigungen zeigen einen krankhaften Triebstau, der den «Helden» mit sich fortreißt. Die erste Strafe für Orion besteht in der Blendung. Wie wir in der Wotan-Legende erfahren haben, bedeutet der Verlust des Augenlichts im übertragenen Sinne immer geistige Blindheit. Orion verliert also durch seine Unbeherrschtheit die Verbindung zum Göttlichen. Statt nun das Vorgefallene zu bereuen, nutzt er das ihm zurückgegebene Augenlicht (die Götter vergeben ihm) zu weiteren Untaten.

Die zweite Vergewaltigung und auch das sinnlose Töten von Tieren werden ihm von den Göttern jedoch nicht mehr verziehen. Anders als Faust zeigt Orion keine Reue, und er ist nicht bereit, sich mit der eigenen Natur auseinanderzusetzen. Wer sich aber einer notwendigen Weiterentwicklung verweigert, der muß am Ende sterben. Orion zerstörte sich also letztlich selbst. Wie viele Skorpion-Menschen hat er den Eindruck von allen Menschen und Dingen getrennt zu sein. Nur so ist zu erklären, warum seelische Aggression zu Brutalität wird. Um seine existentiellen Isolationsgefühle zu überwinden, will der Skorpion-Typus die Geschehnisse gewaltsam manipulieren. Der isolierte Mensch kann sich in seiner Gewalt als Individuum erfahren, wenn auch in negativer Weise. Die Gewalt wird dann zum letzten Mittel der Selbstbestätigung.

Auch der leidenschaftliche Drang nach sexueller Vereinigung ist im Grunde nur Ausdruck einer verzweifelten Sinnsuche im Nicht-Ich. Wenigstens für den Moment des Orgasmus ist der Mensch nicht mehr auf sich selbst reduziert. Sein Ich stirbt, um etwas Größeres erleben zu können.

Während die Waage-Persönlichkeit generell auf Partnerschaften hin angelegt ist, sucht der Skorpion-Typus immer die «ideale» Ergänzung. In diesem Vollkommenheitsanspruch gibt es Parallelen zum Steinbock-Menschen, der sich jedoch wegen seiner konservativen Vorstellungen oft auch mit der Einsamkeit auseinandersetzen muß. Der Skorpion-Typus ist ungleich leidenschaftlicher. Er glaubt, nur in der symbiotischen Verschmelzung mit einem Partner zum Sinn der eigenen Existenz vordringen zu können. Unter keinem anderen Tierkreiszeichen wird so viel von einer Beziehung erwartet wie hier. Wegen des meist vorhandenen Isolationsgefühls kann der skorpionbetonte Mensch den Dingen keinen freien Lauf lassen. Er will seinen Anspruch auf Sinnerfüllung gerade im partnerschaftlichen Bereich durchsetzen. Ehekriege und Eifersuchtsszenen sind oft die Folge, wenn versucht wird, das Glück mit Gewalt zu erzwingen.

Muß man erkennen, daß die eigenen Ideale nicht erreicht werden können, entschließt man sich nicht selten zum Asketentum. Beim Steinbock-Menschen dagegen hat das Einzelgängertum nichts mit enttäuschter

Leidenschaft, sondern vielmehr mit der Verstrickung in ein eigenes System von Normen zu tun. Klar wird die Rolle der Sexualitat, wenn man zum Vergleich die Tierkreiszeichen Krebs und Löwe heranzieht. Aus einer mehr theoretischen Sicht stellt Krebs den biologischen Aspekt der Sexualität, die Befruchtung, dar; doch natürlich läßt dies keinerlei Schlüsse auf die Sexualität eines bestimmten Krebs-Geborenen zu. Wegen des großen Zärtlichkeitsbedürfnisses von Krebs-Menschen ist rohe Sinnlichkeit ohne tiefere Gefühle jedoch kaum vorstellbar.

Dem Löwe-Typus dient die Sexualität oft der natürlichen Bestätigung vor der Außenwelt, aber auch vor sich selbst. Er geht mit allem spielerisch um, auch mit der Sexualität. Dem Skorpion-Geborenen dagegen soll sie bei der Überwindung der schmerzlich empfundenen psychischen Isolation helfen. Sein Anspruch an die Sexualitat ist am größten, doch er benötigt auch seelische Gipfelerlebnisse anderer Art. Letztlich entscheidet allein der individuelle Entwicklungsgrad, ob Nervenkitzel in mitunter sogar kriminellem Tun oder aber Erfüllung in der Suche nach Höherem angestrebt wird. Im letzteren Fall erkennt man, auch ohne daß man dabei zum Asketen wird, das Symbolhafte des physischen Orgasmus: Wie Mann und Frau beim «kleinen Tod», so verschmelzen Individuum und Gott beim «großen Tod» zu einer neuen Einheit. Im Mittelalter bezeichnete man dieses Geschehen als «Mystische Hochzeit» oder als «Chymische Hochzeit».

Interessant ist in diesem Zusammenhang, daß nach indischer Auffassung der Yogi bei seiner Entwicklung die Sexualkraft *(Kundalini)* als Mittel zur Erlangung der Gotteserkenntnis einsetzt. Durch das Aufsteigen der *Kundalini* entlang der Wirbelsäule gelangt der Meditierende zum *Samadhi* (Erleuchtung); wenn westliche Touristen sich vom Anblick kopulierender hinduistischer Gottheiten abgestoßen fühlen, sollte dieser Zusammenhang nicht außer Acht gelassen werden. Im Mittelalter wurde die «Mystische Hochzeit», die dem *Samadhi* entspricht, oft mit Ausdrücken beschrieben, die aus dem Sexualbereich stammen. Wer selbst meditiert, kann vielleicht nachempfinden, daß Gotteserkenntnis tatsächlich cinc Art «geistiger Orgasmus» ist. Ähnlich wie in der physischen Vereinigung werden in höheren Meditationszuständen die Energien in wellenartiger Form wahrgenommen – allerdings wesentlich intensiver als im Sexualakt[27].

Was wäre das Erreichen dieses Zieles wert, wenn der Weg dorthin einem Kinderspiel gliche? Trotz der mitunter krisenhaften Lebensumschwünge bietet das Zeichen Skorpion eine große Chance zu persönlicher Entwicklung: Der Tod des Ego ist der glanzvollste Sieg, dessen der Mensch fähig ist.

Die gewalthafte Sexualität des Orion ließ ausführlichere Erläuterungen zu diesem für den Skorpion so wichtigen Thema geboten erscheinen. Wir beenden unseren Streifzug durch die Mythologie mit einem kurzen Hinweis auf Perseus' Kampf mit der Medusa. Der Held erhielt für seine Auseinandersetzung mit diesem Ungeheuer allerlei magische Hilfsmittel, so auch eine Tarnkappe. Mit dieser Ausrüstung und durch die Anwendung eines Spiegels konnte er das Haupt der Medusa abschlagen, dessen Anblick sonst jedem sofort den Tod brachte.

Blicken wir zu tief in unsere Negativität (Medusa) hinein, so kann sie uns hypnotisieren und «töten». Nicht mit fanatischem Eifer sollten wir unserer Destruktivität gegenübertreten, sondern mit Hilfe eines Spiegels: Erst in ruhiger und besonnener Selbstanalyse wird sich der Mensch seiner inneren Dynamik bewußt. Die Tarnkappe spielt unter anderem auf die Verstellungskünste der Skorpion-Menschen an; wie wir sahen, war auch Loki ein Meister dieser Kunst.

Im täglichen Leben kann man dem Skorpion-Typus sowohl als witzigbissigem Satiriker wie auch als tiefgründigem Denker begegnen; wegen seines dauernden forschenden «Bohrens» kann man ihn nicht nur in der Psychologie und im Kriminalwesen, sondern auch in der Chemie antreffen. Mit Ausdauer kann er hier etwa neue Formeln entwickeln; um Zersetzung, Gärung und Analyse – also typische Skorpion-Entsprechungen – geht es dort allemal.

Hintergründe und Verstrickungen um *«Schuld und Sühne»* zeigt der Skorpion-Typus als Schriftsteller auf. Auch aus anderen Buchtiteln von Dostojewski[28] blickt uns Skorpionisches an: *«Erniedrigte und Beleidigte»*, *«Der Idiot»* und *«Die Dämonen»*. Es ist kein Zufall, daß in all diesen Werken viele zwanghafte Charaktere auftreten, doch sollte man nie vergessen, daß psychische Zwänge meist auf einer tiefgründenden Existenzangst beruhen, die manchmal auf extreme Weise kompensiert wird. Trotz äußerlicher Ruhe besteht bei diesem Typus häufig eine große innere Nervosität.

Der erlöste Skorpion-Mensch hat seinen fanatischen Forschungsdrang unter Kontrolle gebracht, ohne den Wunsch nach Tiefe aufgegeben zu haben. Statt bis zur Besinnungslosigkeit in eigenen und fremden psychischen Wunden zu wühlen, hat er einige Tugenden des gegenüberliegenden Zeichens Stier übernommen: Neben dem Häßlichen und dem Neid sieht er auch die schönen und unproblematischen Seiten des Lebens. Außerdem kann er die Dinge gemächlicher angehen. Obwohl er zu geistigen Tiefen vorzudringen vermag, wird er doch nie zum Masochisten. In längeren «Waffenstillstandsabkommen» mit seiner Seele kann er sich psychisch ausgezeichnet regenerieren. Mit psychoanalytischer Tiefenschärfe zeigt er uns im Alltag als Freund oder Partner problematische Verhaltensmuster auf, die wir bisher noch nicht verstanden hatten.

Sprichwörter

- *Eifersucht ist eine Leidenschaft, die mit Eifer sucht, was Leiden schafft.*
- *Allzu scharf macht schartig.*
- *Viel Feind – viel Ehr!*
- *Man muß die Zähne nicht eher zeigen, bis man beißen will.*
- *Wer den Skorpion streichelt, muß sich nicht über seinen Stachel beklagen.*
- *Wer nicht mit mir ist, der ist wider mich.* (Matth. 12,30)
- *Wer zuletzt lacht, lacht am besten.*
- *Wer anderen eine Grube gräbt, fällt selbst hinein.*

♐

Schütze

Gegen Ende der Schütze-Zeit, im Dezember, erreicht die Dunkelheit ihre größte Ausdehnung. Nachdem in der Skorpion-Zeit alles Leben abgestorben ist, herrscht nun eine seltsame Stille.

In der Periode des Schütze-Zeichens ist die Sehnsucht des Menschen nach Licht besonders groß. Dies gilt sowohl im Materiellen – die Tage sind sehr kurz – als auch im Geistigen. Symbol für die Sehnsucht nach spirituellem Licht sind die Adventskerzen, die vielerorts angezündet werden. Der unter Skorpion einsetzende Todesprozeß wird in Schütze durch das Schöpfen neuer Hoffnung abgelöst: Man weiß, daß die Tage demnächst wieder länger werden. Statt sich mit existenziellen Zweifeln zu zermürben (Skorpion), wendet sich das Schütze-Prinzip der Synthese zu.

Die Erfahrungen aus überwundenem Leid werden in Schütze fruchtbringend auf ein Ziel ausgerichtet. Im Sigel erkennen wir deutlich den nach oben gerichteten Pfeil, der diese Konzentration auf das Neue veranschaulichen soll. Das unten sichtbare Kreuz zeigt, daß die Auseinandersetzung mit der Materie überstanden wird. Das Kreuz gilt in vielen Kulturen als Symbol für das Gefangensein im Leid. Nicht zufällig starb Christus am Kreuz und lebte damit die Überwindung des Schmerzes vor.

Wie wir schon im Kapitel über das Tierkreiszeichen Jungfrau gesehen haben, steht die Zahl vier für schwierige Herausforderungen. Im Kreuz können wir ebenfalls eine Vier erkennen, denn offensichtlich besitzt es vier Eckpunkte. Doch die Beziehung der Zahl vier zum Kreuz läßt sich auch so feststellen: Wenn wir in einem Quadrat die jeweils gegenüberliegenden Eckpunkte mit einer Geraden verbinden, entsteht ein Kreuz.

Im Schütze-Sigel wird dieses schrägliegende Kreuz durch den nach oben gerichteten Pfeil «in den «Himmel» abgeschossen. Auf bildlichen Darstellungen dieses Tierkreiszeichens sieht man den Bogenschützen, der mit in die Ferne gerichtetem Blick sein Ziel fixiert. Jetzt, in der Periode der Dunkelheit, sollte es ein geistiges Ziel sein. Doch nicht jeder schützebetonte Mensch erreicht dieses Ziel auf Anhieb.

Sehr viele Abbildungen zeigen den Schützen als Kentauren. Sein Leib ist der eines Pferdes, während Kopf und Oberkörper menschliche Gestalt haben. Mit Pfeil und Bogen kann er das anvisierte Ziel nur dann treffen, wenn der Pferdekörper stillhält. Wie wir schon früher gesehen haben, symbolisiert das Pferd wilde Leidenschaft. Da der Kentaur jedoch einen menschlichen Kopf besitzt, kann es seinem Tier-Anteil Befehle erteilen; der menschliche Geist kann also die Herrschaft übernehmen. Während das Kreuz im unteren Teil des Schütze-Sigels dem Pferdeleib des Kentauren entspricht, korrespondiert der Pfeil mit dem menschlichen Oberkörper, der den Bogen in der Hand hält. Die Erscheinung des Kentauren drückt ungestümen, mitreißenden Elan aus.

Schütze bildet das letzte der drei Feuerzeichen, mit dem wieder ein neuer Zyklus beginnt. Unter den Zeichen Widder, Stier, Zwillinge und Krebs ist man noch mehr oder weniger mit Lebensunmittelbarem beschäftigt. Von Löwe bis Skorpion bemächtigt man sich der Umwelt und setzt sich mit seinem Gegenüber auseinander. In Skorpion allerdings ist der Wunsch nach Symbiose schon so stark, daß sich der Durchbruch zum Geistigen ankündigt.

Wenn wir die drei Feuerzeichen miteinander vergleichen, dann steht Widder für den urschöpferischen Impuls, Löwe verkörpert die Entdeckung der Persönlichkeit («Ich bin ein König»), und Schütze schließlich bewirkt

Schütze

die Geburt des «homo religiosus». Etwas salopp könnte man auch formulieren, daß der Schütze-Mensch eine Art «abgeklärter Löwe-Typus» ist, dessen fast naives Selbstvertrauen hier der Begeisterungsfähigkeit eines Menschen mit Weitblick gewichen ist; gerade die Zielorientierung fehlt dem Löwe-Typus. In Schütze wird das Schöpferische des Elements Feuer mit geistigen Werten verbunden. Weisheit, Güte und innere Schau sind die positivsten Entsprechungen dieses Zeichens. Der in die Ferne blickende Bogenschütze verdeutlicht zudem auch eine Verlagerung in Richtung des Zukünftigen. Der Löwe-Typus hingegen lebt noch ganz in der Gegenwart. Auf der höchsten Ebene repräsentiert Schütze prophetisches Sehen. In der Praxis allerdings bestehen in allen zwölf Tierkreiszeichen gleich gute Chancen zu geistigem Wachstum. Die «Weiterentwicklung» von Widder bis Fische ist symbolisch zu deuten. Zu jedem Horoskop gehören alle zwölf Tierkreiszeichen, auch wenn sie unterschiedlich gewichtet sind.

Unter Schütze-Einfluß indentifiziert sich das Ich in der Regel mit einem Ideal, das es in diesem Leben zu erreichen sucht. Je nach dem Niveau des Betreffenden muß dies aber nicht unbedingt ein geistiges Ideal sein. Wenn man aber von der im Tierkreis sinnbildlich dargestellten Entwicklung ausgeht, dann wird in Schütze ein individuelles Ideal in den Vordergrund gestellt, das in den letzten drei Tierkreiszeichen (Steinbock, Wassermann und Fische) zur endgültigen Vollendung des Menschen führt.

Der bekannteste Pferdemensch der Mythologie ist der Kentaur Chiron. Er war der Sohn von Kronos und Philyra und trug den Titel «der Weise». Im Gegensatz zu einigen weniger bekannten Kentauren tat er sich durch Güte und Weisheit hervor. Außerdem wurde er auch als Seher bezeichnet. Wegen all dieser Eigenschaften schickten ihm viele Helden und Götter ihre Söhne zur geistigen Unterweisung; zu ihnen gehörten auch Odysseus, Kastor und Polydeukes, Peleus, Achilleus und Herakles.

Als Herakles einst auf der Jagd nach dem erymanthischen Eber war, traf er mit einem seiner Pfeile unabsichtlich seinen alten Lehrmeister Chiron. Der Pfeil steckte nun in Chirons Bein und bereitete ihm fürchterliche Schmerzen. Herakles war über diesen Unfall tief betrübt und befreite den Kentauren von dem Pfeil. Da Chiron auch in der Heilkunde bewandert war und schon vielen geholfen hatte, besorgte er sich selber eine Arznei, doch sie half ihm nicht. Die Schmerzen plagten ihn weiterhin, so daß er sich allein in eine Höhle zurückzog. Seiner Qual hätte nicht einmal der Tod ein Ende setzen können, da Chiron zu den Unsterblichen zählte.

Chiron hing jedoch nicht mehr an seiner Unsterblichkeit und schenkte sie dem Prometheus, der sie dringend benötigte; Prometheus hatte den

Göttern das Feuer geraubt und es den Menschen gebracht. Zeus forderte deshalb zur Sühne ein Opfer, für das sich Chiron nun zur Verfügung stellte.

Ohne Zweifel verkörpert Chiron positive Schütze-Züge. Er ist ein weiser spiritueller Lehrer, der sogar in die Zukunft schauen kann; er gilt als Prophet und Seher – doch sein eigenes Unglück kann er nicht vorhersehen. Sein Schicksal ist es, zwar anderen helfen zu können, nicht aber sich selbst: die selbstverordnete Arznei zeigt keine Wirkung. Ähnlich ergeht es häufig dem Schütze-Menschen, der anderen den richtigen Rat erteilt, bei eigenen Problemen jedoch hilflos ist.

Symbolisch deutet der verletzende Pfeil darauf hin, daß trotz aller Weitsicht die konkreten Schwierigkeiten des Individuums vergessen werden. Der Pfeil trifft Chirons Bein, den Körperteil, auf dem er steht. Beim geistigen Voranschreiten ignoriert man nur allzu leicht seine alltäglichen Bedürfnisse. Mit den Beinen «erdet» man sich, und genau diese Bodenhaftung fehlt dem Schütze-Typus häufig, wenn er zu seinen geistigen Höhenflügen abhebt. Manchmal gleicht er sogar einem Hans-guck-in-die-Luft, der in der materiellen Welt gerade das Nächstliegende übersieht.

Durch die Beinwunde wird Chiron auf schmerzliche Weise in die Realität zurückgeholt, obwohl er geistig schon sehr weit entwickelt ist. Seine Selbstbehandlung scheitert und damit auch die erfolgreiche Anwendung seines Wissens. Da er die Pein nicht länger ertragen will, opfert er seine Unsterblichkeit. Durch dieses Selbstopfer erspart er einem anderen Leid. Der humanistische Grundgedanke tritt noch deutlicher hervor, wenn wir aufdecken, welchen Zweck Chirons Verzicht für den Beschenkten hatte.

Prometheus hat den Göttern das Feuer gestohlen – das spirituelle Licht. Um es für die Menschen zu erringen, muß er ein gewisses Risiko eingehen. Nach seiner Tat schmiedet man ihn an einen Felsen im Kaukasus, wo Herakles ihn schließlich befreit. Zeus fordert für Prometheus' Weiterleben jedoch noch das Opfer eines Unsterblichen.

Chiron opfert demzufolge seine Unsterblichkeit einem Lichtbringer der Menschheit (Prometheus) und stiftet dadurch Frieden mit den Göttern. Gerade vor diesem Hintergrund bekommt seine Tat eine besondere Bedeutung. Der Schütze-Vertreter, der mit den Realitäten des Lebens in Konflikt gerät (Pfeil), opfert in diesem Mythos seine Unsterblichkeit, also seine permanente Verbindung mit dem Göttlichen, für die geistige Weiterentwicklung eines anderen. Letztlich ist er mit diesem «anderen» natürlich identisch: Chirons Unsterblichkeit lebt in Prometheus fort. Folglich wird das dramtische Opfer im Endeffekt für die eigene Entwicklung gebracht, auch wenn der Betreffende dies erst später erkennen mag. Im Feuerzeichen Schütze muß man also aufgeben, was man am höchsten schätzt: das Ideal. Erst wenn man wie Chiron auf das scheinbar Unverzichtbare (die «Unsterblichkeit») verzichtet, wird man wahrhaft erhöht.

Hier liegt eine tiefe spirituelle Weisheit verborgen, die dem Meditierenden wahrscheinlich nicht fremd ist: Geistige Nahrung wird uns nur dann zuteil, wenn wir den Wunsch danach aufgeben. Gerade diese letzte Frucht kann man nicht willentlich pflücken. Ekstase wird dem Meditierenden erst zuteil, wenn er sie nicht mehr anstrebt und vollkommen losgelassen hat. Nur wenn er sich bemüht, Liebe auszustrahlen, und inneren Erfahrungen keinen Wert mehr beimißt, wird er schließlich doch noch – meist ganz unvermittelt – mit dem Erleben des Kosmischen beschenkt.

Das Chiron-Prometheus-Problem besteht jedoch nicht nur in uns, wie im Fall der Meditation, sondern auch «außerhalb» von uns. Nach esoterischer Lehre ist der Gottfunke eines jeden Menschen mit dem aller anderen identisch. Alle entstammen derselben Quelle und stellen deswegen eine Einheit dar. Wer also für einen Mitmenschen ein Opfer bringt, erlöst am Ende sich selbst! Der Gottfunke hat kein dringenderes Bedürfnis, als anderen zu helfen, nur erkennt unsere begrenzte physische Persönlichkeit dies noch nicht. Wir folgen nicht unserem Seelenwillen und müssen deshalb leiden. Diese Interpretation verdeutlicht, daß Prometheus sowohl in uns wie auch «außerhalb» von uns existiert. Wenn wir das wirklich verstanden haben, bringt uns jede Art von Opfer dem göttlichen Feuer näher.

Ohne Herakles, den früheren Schüler Chirons, wäre das Drama nicht ausgelöst worden. Der «Herakles» in unserem Alltag ist häufig der Ehepartner, ein Verwandter, ein Freund oder eines unserer Kinder. Sie fügen uns Wunden zu, die letztlich unsere Seele heilen können. Für jeden Stich, der uns zugefügt wird, müssen wir sehr dankbar sein – auch wenn es uns schwerfällt, das zu akzeptieren. Mit der richtigen Einstellung können wir den Prometheus in uns erlösen.

Auf einer weniger esoterischen Ebene betrachtet, muß Chiron lernen, seinen idealistischen Blick in die Ferne hin und wieder dem Blick zum Erdboden zu «opfern». Der Schütze-Geborene neigt dazu, nur an das Ziel, nicht aber an den bis dahin zu bewältigenden Weg zu denken.

Noch eine weitere kleine Episode aus Chirons Leben soll hier erzählt werden. Als Chiron einmal todkrank darniederlag, schenkte ihm sein Schüler Asklepios durch einen Wunderzauber die Gesundheit zurück: Mit dem, was er bei Chiron gelernt hatte, konnte er ihm nun helfen. Symbolisch will dies besagen, daß es eine Gnade ist, den Menschen etwas Geistiges weitergeben zu können. Wer anderen Weisheit vermittelt wie Chiron, bekommt dies später wieder vergolten. Geistige Unterweisung ist somit eine der höchsten Aufgaben all derer, die im Zeichen Schütze geboren sind.

Vergleicht man die Mythen der Feuerzeichen, so fällt die Bedeutsamkeit des Opfermotivs auf[29]. Schon bei der Besprechung des Tierkreiszeichens Löwe wurde darauf hingewiesen, daß es den Feuerzeichen oft an Bescheidenheit mangelt und eine Opferhandlung deshalb besonders wichtig wird. Da in Schütze das Ziel sehr groß ist, muß auch das Opfer, wie in Chirons Fall, ein beeindruckendes sein.

Kommen wir nun noch zu einigen problematischen Entsprechungen des Schütze-Prinzips. Zur Bewältigung des Lebens benötigt der Schütze-Mensch eine «Vision», auf die er hinleben kann. Die Qualität dieser Vision ist allein vom Entwicklungsgrad des Betreffenden abhängig. Was den religiösen Bereich anbelangt, so muß man unwillkürlich an die «falschen Propheten» und selbsternannten Missionare denken. Gar mancher glaubt, sein eigenes Ideal zur Erlösung anderer predigen zu müssen. Echte Begeisterung kann schnell in falsches Pathos umschlagen. Unzweifelhaft ist geistiger Hochmut eine der größten Gefahren in diesem Feuerzeichen; wer sich selbst als über seinen Mitmenschen stehend betrachtet, kann oft recht schnell von der Wirklichkeit zurechtgestutzt werden.

Das negativ gelebte Schütze-Prinzip kann unter Umständen aus einem Idealisten einen Dogmatiker machen, obwohl das eher ein «Vorrecht» des Saturn-Steinbock-Prinzips ist. Der fanatische Bekehrer beschäftigt sich thematisch zwar noch mit dem Göttlichen, doch er hat die nötige Demut verloren und ignoriert das Recht des Individuums auf eine eigenständige Entwicklung.

Die transformierte Schütze-Persönlichkeit hingegen gibt den Menschen immer nur so viel geistige Nahrung, wie sie gerade aufnehmen können oder wollen. Selbstverständlich kann der noch wenig gereifte Schütze-Vertreter auch nicht-geistige Themen zu seinem Anliegen machen. Wenn er etwa von der Schädlichkeit violett gefärbter Kleidungsstücke überzeugt ist, wird er möglicherweise einen entsprechenden öffentlichen Feldzug beginnen.

Eine andere problematische Schütze-Eigenschaft ist die Ungeduld. Nichts kann ihm schnell genug gehen. Seine Ideen und Pläne möchte er möglichst noch am selben Tag verwirklicht sehen, an dem sie konzipiert wurden. Der Schütze-Typus nimmt innerlich das Ziel vorweg, ohne sich viele Gedanken um die Realisierung zu machen. Details sind ihm meist gleichgültig. Durch voreiliges Handeln vereitelt er nicht selten die Umsetzung der eigenen Pläne, denn sein Drang zum Außerordentlichen hat das Warten auf den richtigen Augenblick noch nicht gelernt. Wenn sich dann ein Ziel nicht so einfach verwirklichen läßt, wie er geglaubt hat, wirft er mitunter die Flinte schnell ins Korn. Aber man kann sich dann ja ein neues Ziel ausdenken...

Unter nichts leidet ein Schütze-Mensch mehr als unter der ewig gleichen Routine des Alltags. Sein Expansionsdrang ruft immer nach überdurchschnittlichen Herausforderungen. Das Wort «Expansion» kann man übrigens auch wörtlich verstehen, denn der Schütze-Mensch liebt zum Beispiel Fern- und Bildungsreisen, auf denen er seinen Horizont erweitern kann. Auch in seiner Wohnung benötigt er genügend Platz, um sich ausbreiten zu können.

Vom Fernweh getrieben war auch der Asienforscher Sven Hedin, in dessen Horoskop sowohl das Zeichen Schütze als auch der Planet Jupiter, der Regent von Schütze, am Aszendenten standen. In der Begegnung mit fremden Kulturen kann man die geistige Toleranz lernen, die zum Markenzeichen des Jupiter/Schütze-Prinzips geworden ist.

Im politischen Bereich hat das Zeichen Schütze einen Bezug zur Außenpolitik. Willy Brandt (Sonne, Merkur und Venus in Schütze) gilt als Architekt der Ostpolitik, und mit seiner demonstrativen Politik der Völkerversöhnung gewann er 1971 den Friedensnobelpreis. Sein spektakulärer Kniefall in Polen war keine Geste eines falschen Pathos, sondern eine moralisch glaubwürdige Bitte um Verzeihung, die ein international beachtetes Zeichen setzte. Gleichgültig wie man seine politischen Leistungen insgesamt beurteilen mag, den humanitären Grundimpuls seines Wirkens kann man diesem Schütze-Vertreter nicht absprechen.

Der transformierte Schütze-Mensch hat viele Tugenden des gegenüberliegenden Zeichens Zwillinge übernommen. Er ist trotz seiner geistigen Weitsicht praxisbezogen und achtet auf das Naheliegende. Er gleicht nicht länger dem Typus des zerstreuten Philosophieprofessors, der weder weiß, wie man einen Gartenschlauch anschließt, noch wie man bei einem Auto den Rückwärtsgang einlegt. Der entwickelte Schütze-Mensch verliert bei der Umsetzung seiner Ideale nie den Bezug zur Realität[30]. Diverse «Pfeilschüsse» bleiben ihm damit erspart.

Die Mitmenschen wird er immer wieder auf das Ethisch-Humanitäre im Leben hinweisen. Er läßt sich seine Ideale nicht abkaufen, und so kann er zum Vorbild werden. Er wird immer für seine Überzeugungen eintreten. Der Löwe-Spruch: «Ich bin ein König», läßt sich hier abwandeln in: «Ich bin göttlich, wie alle Menschen von Gott abstammen.»

Sprichwörter

- *Wer nicht zielt, trifft nicht.*
- *Zielen ist nicht genug, es gilt auch zu treffen.*
- *Allzu straff gespannt, zerspringt der Bogen.* (Friedrich Schiller)
- *Hier gilt es, Schütze, deine Kunst zu zeigen, das Ziel ist würdig und der – Preis ist groß.* (Friedrich Schiller)
- *Jeder ist seines Glückes Schmied.*

♑

Steinbock

Kurz vor Weihnachten ist Winter-Sonnenwende. Während die Frühlings-Tagundnachtgleiche die physische Geburt der Natur symbolisiert, verkörpert die winterliche Wende der Sonne zum Licht die geistige Neugeburt.

Die Christenheit sieht in ihrem Erlöser das geistige Licht, das im Verborgenen, im Stall von Bethlehem, in winterlicher Dunkelheit zur Welt kam. Sinnbildlich werden zur Zeit der Winter-Sonnenwende die Vorbereitungen für die physische Geburt der Natur im Zeichen Widder getroffen, in dem man die österliche Auferstehung feiert.

Weder pflanzliches noch tierisches noch menschliches Leben besteht allein aus physischer Substanz. Zur Inkarnation eines Wesens muß ein Geistfunke bereitgestellt werden. Die Geburt dieses Funkens wird durch das Zeichen Steinbock verkörpert: Im Unsichtbaren bereitet sich künftiges Werden vor. Was in dieser Zeit im Erdboden an Veränderung stattfindet, ist für uns nicht nachvollziehbar.

Wie wir bereits gesehen haben, entsprechen üppiges Wachstum und Fruchtbarkeit dem Erdzeichen Stier. Jungfrau stellt das Einbringen der Ernte und damit die praktische Nutzung der Materie dar. Im letzten Erdzeichen, Steinbock, werden schließlich die Voraussetzungen für die spätere Fruchtbarkeit geschaffen. Beim Menschen entsprechen diesem Zeichen die Kontaktaufnahme der noch ungebundenen Seele mit der künftigen Mutter und die «Tuchfühlung» mit der Eizelle. Erst durch diese geistige Befruchtung des Physischen wird die spätere biologische Befruchtung und Reifung möglich. Wie wir sehen, haben alle drei Erdzeichen, wenn auch auf unterschiedliche Weise, mit dem Fruchtbarkeitsprinzip zu tun.

Schon an dieser Stelle sei vorweggenommen, daß das Zeichen Steinbock immer das Prinzipielle und Wesentliche einer Sache repräsentiert. Wird der Mensch auf seinen Kern reduziert, besteht er schließlich nur noch aus dem erwähnten Lichtfunken der Seele. Gewisse Parallelen dieses Tierkreiszeichens mit Skorpion lassen sich feststellen. Gemeinsam ist den Vertretern beider Zeichen der Drang nach Erkenntnis, nur sind ihre Methoden unterschiedlich. In Skorpion geht es um die leidenschaftliche Suche nach der Substanz eines Gefühls, und man kann dort durch die Überwindung negativer Gefühle zum Geistigen vordringen. In Steinbock hingegen wird die Leidenschaft durch Stoizismus und Beharrungsvermögen ersetzt. Außerdem findet der Steinbock-Mensch seinen «Kern» oft im Einsatz für die Gesellschaft. Im Vergleich zum Schütze-Typus geht er bei seiner Suche weniger leichtsinnig, aber auch weniger schwungvoll und optimistisch zu Werke. Er erreicht sein Ziel in mühsamer Kleinarbeit und ohne viel Aufhebens davon zu machen. Der Gedanke der Pflichterfüllung steht im Vordergrund. Der Schütze-Typus dagegen schämt sich großer Gesten nicht.

Im Sigel wollen viele tatsächlich einen Steinbock erkennen. Einige sehen darin auch einen Ziegenfisch, ein Geschöpf, das halb Ziegenbock und halb Fisch ist; in Babylon hieß der Steinbock noch Ziegenfisch. Die genaue astrologische Bedeutung des graphischen Symbols ist aber bislang nicht zufriedenstellend geklärt.

Einen Ziegenbock hat man früher bei den Juden als «Sündenbock» in die Wüste geschickt. Bei ihnen heißt das Zeichen Steinbock denn auch «Ziegenbock». Diesem Bock wurden symbolisch die Sünden der Bevölkerung aufgeladen, mit Steinen trieb man ihn anschließend in die Wildnis, wo er dann verendete. Für die Menschheit war Jesus ein solcher «Sündenbock», der in bescheidener Pflichterfüllung und ohne jedes Pathos seinen

Steinbock

Auftrag erfüllte. Erst durch Jesu Opfertod wurde dem Menschen die Wahrnehmung des Lichtes möglich.

Im Sinne von «Lichtbringern» sind auch Buddha, Mohammed und andere Religionsgründer «Steinböcke». Betrachtet man jedoch diese Heilsbringer nicht aus menschlicher, sondern aus göttlicher Perspektive, dann sind sie keine «Sündenböcke» (Steinbock-Prinzip), sondern unterstehen dem erlösenden Prinzip der kosmischen Barmherzigkeit (Fische-Zeichen). Wie wir im Kapitel über das Tierkreiszeichen Fische noch sehen werden, wird das Christus-Prinzip bis heute, etwa auf den Meßgewändern der Priester, in Form zweier Fische dargestellt.

Zur Veranschaulichung der Steinbock-Symbolik wollen wir uns mit einer Geschichte aus dem 1. Buch Mose (38. Kapitel) befassen[31]. Dort wird von Juda berichtet, dessen erster Sohn Ger mit einer Frau namens Thamar verheiratet war. Ger jedoch sündigte, und ohne daß er Nachkommen hinterlassen hatte, wurde er von Gott getötet. Daraufhin befahl Juda, daß sein zweiter Sohn Onan, dem Brauch gemäß, die Witwe Thamar heiraten solle. Onan jedoch ließ seinen Samen auf die Erde fallen, weil er nicht Ersatz für seinen Bruder sein wollte. Als Gott sah, daß der Same verdarb, ließ er auch Onan sterben.

Juda hatte noch einen dritten Sohn, Gela. Diesem aber wollte er Thamar nicht zur Frau geben, da er um dessen Leben fürchtete. Thamar fühlte sich durch diese Entscheidung betrogen. Als man ihr eines Tages erzählte, ihr Schwiegervater sei vor dem Dorf gesehen worden, hüllte sie sich in lange Kleider und gab sich das Aussehen einer Hure. Ohne Thamar zu erkennen, sprach Juda sie an und schlug ihr zum Lohn für ihre Liebesdienste einen Ziegenbock vor. Da er ihn jedoch nicht bei sich hatte, gab er ihr als Pfand einige seiner persönlichen Gegenstände.

Wie sich herausstellte, blieb der Liebesdienst nicht ohne Folgen. Thamar wurde schwanger. Als man Juda erzählte, daß Thamar vor dem Dorf als Hure gesehen worden sei, wollte er sie verbrennen lassen. Doch Thamar zeigte vor allen Leuten auf ihn und sprach: «Von dem Manne bin ich schwanger.» Zum Beweis zeigte sie die Pfänder des Juda, die dieser noch nicht gegen den Ziegenbock eingetauscht hatte, weil er die vermeintliche Hure nicht hatte finden können. Juda sah sofort sein Unrecht ein und bedauerte, daß er Thamar seinen dritten Sohn verweigert und damit die Weiterexistenz der Familie in Frage gestellt hatte.

Thamar gebar Zwillinge, Gerach und Perez. Während auch Gerach am Leben scheiterte, entwickelte sich Perez, der letztgeborene Zwilling, zum einzig erfolgreichen von Judas Söhnen. Er hatte Nachkommen und wurde zum Stammhalter des Geschlechts, in dem später der Messias geboren wurde.

Alle in dieser Geschichte vorkommenden Personen zeigen Steinbock-Verhaltensweisen. Juda und seine Söhne – mit Ausnahme von Perez – verkörpern das konservative Prinzip, da sie aus Egoismus und auch aus Angst an althergebrachten Strukturen festhalten. Sie fürchten das Neue und verhindern damit dessen Durchbruch. Lebensverneinende und im übertragenen Sinne «unfruchtbare» Verhaltensweisen sind problematische Entsprechungen des Steinbock-Zeichens.

Onan, der zweite Sohn, ist nicht bereit, als Ersatz für den verstorbenen Bruder einzuspringen und eine neue Familie (also eine neue Ordnung) zu gründen. Als auch er stirbt, übernimmt Juda die Verweigerungshaltung seiner toten Söhne. Aus Angst vor dem möglichen Risiko verhindert er die dritte Heirat.

Einen ähnlichen Besitzanspruch erhob sein Namensvetter Judas (griechische Schreibweise des Namens mit «s»), einer der zwölf Apostel, der Jesus nur auf dieser Welt haben wollte. Er verriet Jesus, weil er die Idee des jenseitigen Königreichs nicht akzeptieren wollte. Doch auch sein fortschrittsfeindliches Verhalten konnte das Heraufkommen einer neuen Ordnung nicht verhindern, sondern beschleunigte diesen Prozeß sogar.

Thamar hingegen verkörpert positive Steinbock-Züge. Mit Ausdauer und Zähigkeit kämpft sie für eine neue Familie. Von ihrem schweren Schicksal läßt sie sich nicht beeindrucken. Immerhin sind ihr zwei Männer gestorben und ein weiterer wird ihr verweigert; der vierte ist der eigene Schwiegervater. Ihre Hartnäckigkeit wird schließlich durch die Geburt von Zwillingen belohnt.

Wenden wir uns noch einmal Juda zu. Er «schuldet» Thamar einen Ziegenbock, den er jedoch nicht gegen seine Pfänder eintauschen kann. Auf der Suche nach der «Hure» wird er – sinnbildlich gesehen – seine Schuld nicht los; die begangene Sünde ist nicht mehr rückgängig zu machen. Nur weil der Tausch nicht zustande kommt, kann Thamar den Juda mit seinen Pfändern überführen und ihn sogar zu einem Schuldgeständnis bewegen. Am Ende trägt der mit Schuld beladene Mensch durch seine Reue doch noch zur Geburt einer neuen Ordnung bei.

In dieser Geschichte stellt der Ziegenbock sowohl die Schuld als auch die Wende zum Guten dar. Insofern Juda seine Fehler einsieht und die beiden neugeborenen Söhne akzeptiert, hat er seine Fortschrittsfeindlichkeit überwunden. Der letztgeborene Zwilling Perez wird zum späteren Stammhalter des messianischen Geschlechts und hat so Anteil an der Geburt des

Lichtes. Es ist bezeichnend, daß erst dem letzten Familienmitglied Erfolg beschieden ist. In keinem Tierkreiszeichen benötigen Entwicklungen so lange zur Reifung wie in Steinbock. Das Motto lautet hier: «Was lange währt, wird endlich gut.»

Neben dem Ziegenbock des Juda, der als Zahlungsmittel für moralisches Fehlverhalten zum «Sündenbock» werden soll, gibt es noch einen zweiten Sündenbock: Thamar. Sie nimmt in ihrer Selbsterniedrigung als «Hure» die Schuld allerdings freiwillig auf sich und wird so zum Sündenbock im Sinne von Christus. Die beiden hier skizzierten Verhaltensweisen findet man auch im Leben steinbockbetonter Menschen; entweder blokkieren sie rechthaberisch den Gang der Entwicklung und laden die eigene Schuld auf anderen ab, oder sie bürden sich zum Nutzen der Gemeinschaft freiwillig eine Last auf. Der entwickelte Typus verschreibt sich immer dem Wohl des großen Ganzen.

Im Gegensatz dazu steht im vorhergehenden Zeichen Schütze noch eine persönlichere Sichtweise im Vordergrund. Das Humanitätsprinzip entwickelt sich in diesem Feuerzeichen in der Auseinandersetzung mit einem direkten Gegenüber. So opfert der Kentaur Chiron seine Unsterblichkeit nicht für ein anonymes Ganzes, sondern für ein weit entwickeltes Individuum (Prometheus). Die humanitäre Schütze-Idee sieht zunächst immer auch die Befreiung des Einzelmenschen aus seiner Not, während unter Steinbock-Einfluß alles Persönliche zugunsten einer übergeordneten Gemeinschaft aufgegeben wird. Genügsamkeit und Anspruchslosigkeit können hier bis zur Askese gehen.

In der Praxis kommt das Messias-Prinzip erst dann in uns zum Durchbruch, wenn alteingefahrene Geleise sich als unbrauchbar erweisen. Lieber klammern wir uns, wie Juda und seine Söhne es tun, an die alte Ordnung, als daß wir Reformwillen und Risikobereitschaft entwickeln.Wenn jedoch die individuelle «Fehlerquote» ein bestimmtes Maß übersteigt, wird der Steinbock-Mensch auf oft unangenehme Weise gezwungen, seine verkrusteten Strukturen über Bord zu werfen.

Der vom Steinbock Geprägte macht sich das Leben oft unnötig schwer und wählt den schwierigsten Weg, damit er weiß, was er erreicht hat. Ähnlich wie der Löwe-Typus kann er ausgeprägten Stolz zeigen, doch was für das Feuerzeichen ein spielerisches In-Szene-Setzen des eigenen Ich ist, stellt sich in Steinbock als zufriedenes Verweisen auf sauer Erarbeitetes dar. Hier wird auch der Stolz nicht so offensichtlich zur Schau getragen. Im Gegensatz zum Löwe-Typus hängt für die Steinbock-Persönlichkeit das Selbstwertgefühl weitgehend von der vollbrachten Leistung ab. Man will als Musterbeispiel der Pflichterfüllung anerkannt werden, um häufig vorhandene Verklemmtheiten und Unsicherheiten überspielen zu können.

Parallelen zu dieser biblischen Geschichte finden sich in der Erzählung vom griechischen König Pelias. Er hatte Jason versprochen, ihm sein Königreich abzutreten, wenn ihm Jason das Goldene Vlies herbeischaffe. Obwohl Jason diese Aufgabe unter abenteuerlichen Bedingungen erfüllte, brach der alternde König sein Versprechen und hielt starr an der Macht fest. Auf Anraten der Magierin Medea schlugen Pelias' Töchter ihrem Vater vor, sich in einem großen Kessel «jung kochen» zu lassen. Er willigte ein, und Medea tötete Pelias und zerstückelte ihn. Seine Körperteile warf sie in den magischen Wundertopf, doch trotz kräftigen Umrührens entstieg ihm kein verjüngter Pelias. Auf diese Weise, so wird uns berichtet, wurde der Wortbruch des Königs bestraft.

Pelias hat gewisse Ähnlichkeiten mit Juda. Beide halten patriarchalisch an der alten Ordnung fest und versündigen sich damit gegen das Neue. Der eine verwehrt der verwitweten Schwiegertochter den ihr zustehenden Gatten, der andere verweigert Jason das versprochene Königreich. Pelias' seltsame «Verjüngungskur» karikiert seinen falsch verstandenen Erneuerungswillen. Die Charakterstruktur ist schon so unwiderruflich im Starrsinn gefangen, daß Pelias auf schmerzhafte und unerbittliche Weise mit dem Realitätsprinzip konfrontiert werden muß. Magische Tricks helfen ihm nicht weiter. Während Juda seine Fehler einsieht und letztlich doch noch an der Geburt des Lichtes indirekten Anteil hat, geht Pelias an seiner mangelnden Einsicht zugrunde. Sein Handeln gleicht bürokratisch-autoritären Regierungen, die ihre bröckelnde Herrschaft durch Scheinreformen retten wollen und am Ende doch hinweggefegt werden.

Diese Feindschaft gegen das Neue finden wir auch im Mythos von Kronos (dem römischen Saturn), dem Planeten, der das Steinbock-Zeichen regiert. Wie wir im Kapitel über Saturn noch sehen werden, verschlang er die eigenen Kinder, um seine Herrschaft zu festigen.

Auch König Herodes war in diesem Sinn ein negativer Steinbock-Vertreter. Um die Geburt des erlösten Steinbock-Prinzips (Jesus Christus) zu verhindern, ließ er die neugeborenen Kinder töten. Wie im Mythos von König Pelias und in der biblischen Geschichte von Juda siegte auch hier das Neue schließlich über das Alte. Immer wieder bekommen Steinbock-Menschen die Gelegenheit, sich zwischen Stillstand und Fortschritt zu entscheiden.

Der Alltag konfrontiert uns sowohl mit zögerlichen Reformern als auch mit unbelehrbaren Konservativen. Letztere sind durch Schwerfälligkeit und seelische Verhärtung gekennzeichnet. Sie halten stur an den Normen und an der öffentlichen Meinung fest und analysieren kühl die bestehenden Verhältnisse. Ebenso «cool» und emotionslos können sie ihre Mitmenschen in die Schranken verweisen, und ihre lehrerhafte Art kann recht verletzend sein. Ihr Geiz in finanziellen Angelegenheiten entspricht dem knauserigen Umgang mit Gefühlen. Ihr zwanghafter Drang, in der Gesellschaft etwas zu gelten, läßt für Gefühle nur wenig Platz. Ihr Humor, falls von einem solchen die Rede sein kann, ist bestenfalls ein «trockener».

Vielen Astrologiebüchern zufolge lernt der Steinbock-Mensch allein durch Leid und Verzicht. Dies gilt jedoch nur dann, wenn er sich reformunwillig zeigt. Die oft erwähnten Einsamkeitsprobleme dieses Typus hängen mit seiner Kompromißlosigkeit und seinem hohen Anspruch an Partnerschaften zusammen, dem Normalsterbliche kaum gerecht werden können. Mit «Halbheiten» gibt er sich auf keinem Gebiet zufrieden. Als einem Perfektionisten – wie dem von Saturn geprägten Menschen – kann es ihm niemand recht machen.

Um zum eigenen Wesenskern zu gelangen, benötigt dieser Typus in Beziehungen zu anderen Möglichkeiten zum Rückzug. Sagten wir schon für das Zeichen Jungfrau, daß seelische Prozesse langsam ablaufen, so gilt das für Steinbock noch mehr. Der intensive zwischenmenschliche Kontakt bereitet in diesem Erdzeichen große Probleme. Beide Zeichen begünstigen das Ordnungsprinzip, das unter Steinbock-Einfluß aber noch rigorosere Formen annimmt. Wenn der Jungfrau-Typus sich oft mit einem sachlichen Hinweis begnügt und sich still im Hintergrund aufhält, eckt der «kantige» Steinbock-Mensch mit seinen unflexiblen Strukturen überall an. Seine Normen möchte er möglichst für alle verbindlich vorschreiben. Deswegen liegt ihm beispielsweise der Beruf des Pädagogen, doch versteht es sich von selbst, daß er nicht dem Prinzip der anti-autoritären Erziehung huldigt…

Da er sich darum bemüht, das Wesentliche einer Sache zu erfassen, sucht er immerzu nach Definitionen. Im Bauwesen findet man dieses Streben etwa im Beruf des Statikers. Die Grundsätze der Stabilität eines Gebäudes entsprechen (fast) buchstäblich dem Fundamentalen einer Sache. Im sprachlichen Bereich korrespondiert damit die Grammatik, weil dort die Sprachregeln festgelegt werden. Auch das Beamtentum, das minutiöse Vorschriften und Verfügungen ausarbeitet, ist dem Steinbock-Prinzip zuzurechnen.

Im menschlichen Körper entsprechen die «tragenden Teile» dem Knochengerüst. Deswegen kommt es hier oft zu Problemen mit den Knochen und der Wirbelsäule. Auch die durch Rheuma ausgelöste «starre Haltung» hat mit mangelnder seelischer Flexibilität zu tun.

Der erlöste Steinbock-Mensch verschließt sich nicht den positiven Zügen des gegenüberliegenden Zeichens Krebs; statt stur an Prinzipien festzuhalten, läßt er seine Gefühle zu und gibt auch einmal nach.

Albert Schweitzer (Sonne und Merkur in Steinbock) zeigte uns, daß Pflichterfüllung gegenüber der Gesellschaft sehr wohl mit Menschlichkeit verbunden werden kann. Durch Ausdauer, Gewissenhaftigkeit, Aufrichtigkeit, Arbeitseifer und das Gespür für das jeweils überpersönlich Notwendige macht sich dieser Typus für die Gesellschaft oft unersetzlich. Auch Konrad Adenauer (Sonne und Merkur im Steinbock) verkörperte diese Charakterzüge[32].

Sprichwörter

- *Was lange währt, wird endlich gut.*
- *Gut Ding will Weile haben.*
- *Kommt Zeit, kommt Rat.*
- *Wo Worte selten, haben sie Gewicht.* (William Shakespeare)
- *Streben ist Leben.*
- *Zum Werke, das wir ernst bereiten, geziemt sich wohl ein ernstes Wort.* (Friedrich Schiller)
- *So spricht der Weise, grau von Haar, ernst, würdig, sachgemäß und klar.* (Wilhelm Busch)
- *Wer durch des Argwohns Brille schaut, sieht Raupen selbst im Sauerkraut.* (Wilhelm Busch)
- *Erst die Arbeit, dann das Vergnügen.*
- *Neue Gedanken sind nicht häufig; sag uns die alten nur geläufig.* (Wilhelm Busch)

Wassermann

Am 21. Januar rückt die Sonne in das letzte der Luftzeichen,Wassermann, vor. Vielerorts wird in diesen Tagen Karneval gefeiert. Es ist also weniger eine Zeit religiöser Feste als vielmehr eine willkommene Gelegenheit, «verrückt» zu spielen. Auch die Römer feierten schon Fastnacht. Bei ihnen hießen die tollen Tage «Saturnalien». Der Name deutet auf den Planeten Saturn hin, der traditionell nicht nur Steinbock, sondern auch Wassermann regiert. In der heutigen Zeit wird diesem Zeichen der Uranus zugeordnet.

Im Karneval vergessen wir die üblichen Regeln des Alltags und toben uns einmal richtig aus. Der Konservatismus des Steinbock-Prinzips ruft jetzt im Zeichen Wassermann die Gegenbewegung des Unkonventionellen hervor. Es gibt eben nicht nur den rückschrittlichen Steinbock-, sondern auch den reformwilligen Wassermann-Saturn.

Für einige wenige Tage tauschten die alten Römer früher die Rollen: Die Herren bedienten die Sklaven und verkleideten sich auch als solche! Die Saturnalien hatten die soziale Funktion, angestautem Ärger der Sklaven Ausdrucksmöglichkeiten zu verschaffen. Der Rollentausch der Römer war also ein psychologisch geschickt installiertes Ventil, das nonkonformes Verhalten erlaubte. Auch bei uns besteht in der Fastnachtszeit der Brauch, sich zu verkleiden und neue Rollen auszuprobieren, während sonst im Jahr alles seinen gewohnten Gang geht. Ist das Zeichen Wassermann in einem Horoskop betont (etwa durch Sonne, Mond oder Aszendent), so erhebt der Betreffende oft das von der Norm Abweichende zu seiner Lebensmaxime. Er will sich jenseits des Gewohnten auf wenig erprobten Pfaden bewegen.

Es mag verwirrend erscheinen, daß Wassermann ein Luftzeichen ist, obwohl der Name doch allem Anschein nach auf das Element Wasser verweist und auch das Sigel zweifellos eine Wasserwelle zeigt. Auf bildlichen Darstellungen dieses Zeichens sieht man oft einen Mann, der aus einer Amphore Wasser ausschüttet. In Indien heißt das elfte Tierkreiszeichen denn auch «Krug», in Arabien und Ägypten «Eimer». Um nun die Bedeutung des Elements Luft aufzuzeigen, müssen wir weiter ausholen. In Ägypten diente ein spezielles Tongefäß, Canopus genannt, den Astronomen beziehungsweise Astrologen[33] als Zeitmaß. Man stellte den Canopus, der unten ein winziges Loch hatte, auf einen leeren Krug[34]. Wenn man nun zum Beispiel wissen wollte, wie lange es von einem Venusaufgang bis zum nächsten dauerte, konnte man das anhand der ausgetropften Wassermenge angeben. Wie wir noch sehen werden, regiert der Planet Saturn auch die Zeit. Interessant ist in diesem Zusammenhang, daß der Name «Januar» von dem Zeitgott Janus herrührt. Janus war der Gott des Anfangs. Seine zwei Gesichter symbolisieren das alte Jahr (Steinbock/Saturn) und das kommende Jahr (Wassermann/Saturn). Am Jahresende steht die Sonne noch im Zeichen Steinbock («alte Zeit»), während sie im Laufe des Januars in das Zeichen Wassermann («neue Zeit») überwechselt.

Traditionell wird das Zeichen Wassermann mit allem Neuen, so auch mit dem Zeitgeist, in Verbindung gebracht. Wenn wir sprachlich eine Anleihe bei der Zeitmessung der ägyptischen Astrologen machen wollen, können wir im übertragenen Sinn von den «Strömungen der Zeit» reden, die hier erfaßt werden.

Einige interessante Hinweise zur Bedeutung des Wassermann-Zeichens gibt uns der jüdische Mystiker Friedrich Weinreb. Nach jüdischem Brauch wird während des Laubhüttenfestes mit ausgelassener Fröhlichkeit

Wassermann

im Tempel Wasser ausgegossen. Auch für Weinreb symbolisiert in diesem Fall das Wasser die neue Zeit. Im Gegensatz zu Steinbock wird in Wassermann das Prinzip der Zeit nicht im Sinne von Vergänglichkeit und Fatum aufgefaßt, sondern als Chance für das Kommende gedeutet:

> Man fühlt sich nicht mehr in der Zeit gefangen, die Zeit hat ihren Zwang verloren. Was in der Welt von Zeit und Raum unmöglich ist, nämlich hier und dort zur gleichen Zeit zu sein, erscheint jetzt möglich ... Leute, die das verkünden, werden oft als lästig und sehr irritierend empfunden.[35]

Sehr deutlich weist Weinreb auf die Überwindung des Realitätsprinzips (Steinbock) in Wassermann hin. Zeit bedeutet hier nicht Begrenzung, sondern Aufbruch zu neuen Ufern:

> Im Weggießen besteht die Freude an diesem Fest. Das Ausschütten will sagen: Wir sind nicht mehr in Raum und Zeit gefangen. Wir brauchen uns um das Logische und Rationale nicht zu sorgen.[36]

Das Handeln-Müssen nach fixen Gesetzen wird vom Wassermann-Typus als schmerzliche Freiheitsberaubung erlebt. In diesem Zeichen sucht man nach neuen Normen, die allen Individuen gleichermaßen die größtmögliche Unabhängigkeit von Zwängen zusichern. Diesem Prinzip untersteht alles, was die Freiheitsrechte des Einzelnen fördert: Menschenrechte, Rede- und Pressefreiheit, Bewegungs- und Reisefreiheit und als Institution die Vereinten Nationen. Die Idee des Internationalismus kann nur eine Wassermann-Idee sein.

Der unter diesem Zeichen Geborene wagt es, das Undenkbare zu denken. Der Engländer Thomas More (Sonne und Merkur in Wassermann) beschrieb in seinem Buch *«Utopia»* den idealen Zustand von Staat und Gesellschaft. Rosa Luxemburg, die den Planeten Merkur, das Symbol für Denken und Sprache, in Wassermann hatte, wurde für folgenden Ausspruch bekannt: «Freiheit ist immer die Freiheit des Andersdenkenden.»

Während im Schütze-Zeichen eher die geistige und auch religiöse Ausrichtung des Individuums angesprochen ist, geht es im Wassermann-Zeichen um die kollektive Erlösung der Gesellschaft. Dies wird jedoch erst durch die Garantie gleicher Rechte für alle möglich. Salopp könnte man formulieren: Jeder soll das Recht haben, sein Ich, so «verrückt» und originell er will, auszudrücken. Die Reform der Gesellschaft ist somit ein Anliegen des Wassermann-Menschen und nicht des Schütze- oder Steinbock-Typus. Die bei Steinbock-Persönlichkeiten bestenfalls zögerliche Neigung zur Umgestaltung entwickelt sich unter Wassermann-Einfluß zum schwer zu bremsenden Veränderungsstreben. Reformen, an deren Ende das Weltbürgertum und die Weltinnenpolitik stehen, sind typische Wassermann-Entsprechungen. Aus einem unpersönlichen Blickwinkel erkennt man die für die Gemeinschaft notwendigen Änderungen. Man hat begriffen, daß beispielsweise Umweltschutz kein nationales Problem ist, sondern nur im internationalen Rahmen erfolgreich betrieben werden kann. Da wir jetzt an der Schwelle zum sogenannten «Wassermann-Zeitalter» stehen, können wir dieses Prinzip in unserer Gesellschaft sehr gut studieren.

Durch Datenaustausch, Technisierung und Computerisierung werden die einzelnen Staaten abhängiger voneinander. Heute können Spannungen, die im Nahen Osten oder in Indochina ausbrechen, sofort internationale Krisen auslösen. Durch die in diesem Jahrhundert revolutionierten Transport- und Kommunikationsmöglichkeiten rücken alle Menschen näher zusammen. Irgendwann werden wir erkennen, daß eine Unterscheidung in In- und Ausländer unsinnig ist.

Aber nicht nur zwischen den Staaten bestehen Vernetzungen. Die Transformation von Kollektiv und Individuum muß immer Hand in Hand gehen. Wenn also *Amnesty International* weltweit für die Menschenrechte des Einzelnen kämpft, muß dabei immer auch der innenpolitische Zustand des jeweiligen Regimes gesehen werden, das diese Rechte mit Füßen tritt.

Zur geistigen Aufgeschlossenheit unter dem Einfluß des Wassermann-Prinzips zählt sicher auch die zunehmende Bedeutung der Esoterik. Selbst wenn den Konsumenten unter dem Etikett des «New Age» oft trickreich das Geld aus der Tasche gezogen wird, darf man nicht die gesamte Bewegung verteufeln. Hier werden neue Erkenntniswege getestet, die schließlich der Menschheit von Nutzen sein können. Interessant ist in diesem Zusammenhang, daß die New-Age-Gruppen in ihrem Geburtsland Kalifornien heute vor allem politisch aktiv sind. Der Einsatz für sozialen Ausgleich und ökologische Umwandlung wird dort mit spirituellem Gedankengut kombiniert. Auch bei uns entstehen mittlerweile «Netzwerkorganisationen», die verschiedene Ziele miteinander verbinden.

Wollen wir das bisher Gesagte zusammenfassen, so stellt die Ausgießung des Wassers im Zeichen Wassermann einen geistigen Akt dar, die Lösung vom Stofflichen; man trennt sich in seinem Denken von der alten Struktur, um schöpferisch etwas Neues zu gestalten. Kein Vertreter eines anderen Tierkreiszeichens ist so auf Unkonventionalität und Originalität hin angelegt. Der Wassermann-Geborene repräsentiert deswegen auch den Typus des Erfinders und Reformers. Da es in diesem Zeichen vorwiegend um geistige Prozesse geht, ist die Zuordnung zum Element Luft durchaus plausibel.

Beim Zwillinge-Typus steht die Orientierung des Individuums in seiner unmittelbaren Umwelt im Vordergrund, beim Waage-Menschen bezieht sich das kommunikative Element Luft auf den Austausch zwischen Ich und Du; der Wassermann-Geborene schließlich strebt die «globale Kommunikation» auf der Ebene der Menschheit an. Seine geistige Bindungslosigkeit ermöglicht ihm die Schau aus der Vogelperspektive. Wer dieses Zeichen negativ lebt, läuft ähnlich wie der Schütze-Mensch Gefahr, den Boden unter den Füßen zu verlieren. Was beim Schütze-Typus zu falschem Pathos wird, kann unter Wassermann-Einfluß ins Skurrile und Anarchische abgleiten. Wer losgelöst von irdischen Belangen Reformen angeht, wird zum verschrobenen Utopisten, über den sich jedermann lustig macht. Obwohl er sich für Übergeordnetes einsetzt, kann er zum Ausgestoßenen oder Sonderling werden. Allerdings hat die Menschheit ihre Vordenker und Reformer – ob nun skurril oder genial – fast immer abgelehnt.

Die Mythologie ist nicht allzu reich an Vorbildern für das Zeichen Wassermann. Einige typische Merkmale können wir jedoch bei Hephaistos und Deukalion erkennen.

Hephaistos war ein Sohn Heras. Sie aber mochte ihn nicht besonders, denn er war von zwergenhaftem Wuchs. Homer berichtet in der *Ilias,* daß Hephaistos mehrmals als Friedensstifter zwischen Hera und ihrem Gatten Zeus fungierte. Im Olymp wurde er durch seine originellen Späße bekannt. Das Lachen, das er unter den Göttern hervorrief, schlichtete oft deren Zwistigkeiten. Im Gegensatz zu seinem Bruder Ares waren Hephaistos Krieg und Streit zuwider.

Die Geburt des Hephaistos ist uns in mehreren Versionen überliefert. Hesiod erzählt, daß Hera ihren Sohn ohne vorausgegangene Befruchtung geboren habe; er soll ihrem Oberschenkel entsprungen sein.

Als Hephaistos wieder einmal einen Götterstreit schlichten wollte, stürzte ihn Zeus in die Tiefe hinab zu den Menschen. Da Hephaistos ein erfindungsreicher Bursche war, wurde es ihm auch dort nicht langweilig. Die von ihm hergestellten Ohrgeschmeide und Armreifen waren äußerst begehrt. Eines Tages bekam er sogar den Auftrag, für seine Mutter einen Thron anzufertigen. Da Hera sich jedoch kurz zuvor abfällig über ihn geäußert hatte, beschloß Hephaistos, ihr eine Lektion zu erteilen. Er konstruierte einen Thron, der ein Meisterstück handwerklicher Kunstfertigkeit war: Wer sich darauf setzte, konnte nicht mehr aufstehen und schwebte sogleich samt Thron durch die Lüfte.

Man überbrachte Hera den Thron, und auch ihr erging es nicht besser; all ihr Jammern war vergebens. Die Götter erkannten Hephaistos' listigen Trick und baten ihn, seine Mutter zu erlösen. Der schlaue Meister antwortete ihnen jedoch, daß er keine Mutter habe. Vorerst wollte er Hera noch ein wenig schmoren lassen. Als er kurze Zeit später auf einem Maulesel betrunken durch den Olymp ritt, handelte er mit den Göttern einen Preis für die Befreiung seiner Mutter aus: Er wollte die schöne Aphrodite zur Frau haben, was ihm schließlich auch zugestanden wurde.

Unterdessen wurden die Fertigkeiten des Meisters immer berühmter. So konnte er aus Gold Jungfrau-Figuren herstellen, die wie lebendige Menschen sprechen, blicken und sich bewegen konnten. Aber in der Ehe mit Aphrodite stand nicht alles zum Besten, denn sie betrog ihn mit Ares. Als er davon erfuhr, begab sich Hephaistos sogleich in seine Werkstatt und konstruierte ein wunderliches Bett; es konnte in Blitzesschnelle jeden fesseln, der sich darauf niederlegte. Als Hephaistos von einer bevorstehenden Liebesnacht der beiden Kenntnis erhielt, bereitete er eilig das «automatische Bett» vor. Tatsächlich gelang die List. Kaum hatten sich Aphrodite und Ares zum Schäferstündchen niedergelegt, als sich auch schon die Apparatur des Bettes in Gang setzte. Als die Götter zum Ort der Schande geführt wurden, konnten sie angesichts von Hephaistos' Wunderwerk und dem gefesselten Liebespaar vor Lachen nicht mehr an sich halten. Auf ihr Drängen hin gab Hephaistos schließlich nach und befreite die beiden.

Ebenfalls Wunderliches ist von Hephaistos' Ehe mit Athene zu berichten. Hephaistos verfolgte Athene in der Hochzeitsnacht, um sie zu schwängern. Als er sie stellte, gelang es ihm jedoch nicht, ihr die Jungfräulichkeit zu rauben, und sein Same fiel auf die Erde. Die Erdgöttin Gaia, aus der das Universum hervorging, bemächtigte sich des Samens und gebar ein königliches Kind (Erichthonios).

Interessant bei der Analyse dieser Geschichte sind die erwähnten «sexuellen Abnormitäten». Zunächst bedarf es bei der Zeugung von Hephaistos keines Samens, und auch Heras Schenkel muten als Geburtskanal recht seltsam an. Ebenso geht es in Hephaistos' Geschlechtsleben merkwürdig zu. Aphrodite betrügt ihn, und Athene schließlich scheint sich von ihrem Partner erotisch wenig angezogen zu fühlen. Sein Same fällt auf die Erde (Göttin Gaia), wo aus ihm trotzdem noch ein Mensch entsteht. Der eigentlich vorgesehene Weg der Vereinigung von Ei und Samenzelle wird jedenfalls in diesem Mythos nicht eingehalten.

Hinter all dem Berichteten verbirgt sich eine typische Wassermann-Vorstellung: die Idee von der Einheit aller Menschen in einem geistigen Hermaphroditentum. Hier werden wir wieder an das Konzept von Animus und Anima erinnert, dem zufolge jedes Geschlecht den gegengeschlechtlichen Anteil in sich annehmen, also geistig «befruchten» muß. Ist es nicht wirklich ein schöner Gleichklang mit dem eben Gesagten, daß dieser Gedanke in unserer Zeit von einem Psychologen (C. G. Jung) mit Wassermann-Aszendent wiederbelebt wurde?

Das Konzept von Animus und Anima kam schon im Kapitel über das Tierkreiszeichen Widder zur Sprache, bei dessen Vertretern wir die Neigung feststellten, den gegengeschlechtlichen Teil in sich zu verdrängen. Unter Wassermann-Einfluß hingegen kann sich der Mensch seines geistigen Zwitterwesens leichter bewußt werden. Nur sollten wir die Geschichte von Hephaistos allerdings nicht so deuten, als gäbe es in der Sexualität des wassermannbetonten Menschen dauernd Probleme. Symbolisch drückt der Mythos aber die überlegene Fruchtbarkeit des Geistigen aus: Erichthonios' Geburt «von oben» weist auf die geistige Erschaffung des Menschen hin.

Zum Thema Sexualität sei noch bemerkt, daß der freizügig-zwanglosen Wassermann-Sichtweise auch die Freikörperkultur (FKK) entspricht: Nackt sind alle Menschen gleichberechtigt. Skorpionische Leidenschaft wird man vom Wassermann-Typus hingegen nicht erwarten dürfen, wohl aber unverkrampfte sexuelle Ansichten, die jenseits von Schuldgefühlen und einem moralisierend erhobenen Zeigefinger klare Einsichten vermitteln können.

Die Geschichte von Hephaistos ist die eines Außenseiters, der als Zwerg geboren wird. Wenn er die Götter durch seine originellen Späße zum Lachen bringt, gleicht er einem Hofnarren. Auf der anderen Seite ist er ein genialer Erfinder; auch darin erkennen wir ein Wassermann-Charakteristikum. Bezeichnend für unter diesem Luftzeichen Geborene ist zudem die Abneigung gegen Streit und Krieg. Hephaistos bemüht sich, Konflikte zu schlichten, Zeus aber «belohnt» eine solche Friendensstiftung damit, daß er Hephaistos auf die Erde hinabstößt. Dem Wassermann-Menschen wird das Streben nach Aussöhnung häufig nur schlecht vergolten.

Auf der materiellen Ebene korrespondieren mit diesem Zeichen in der heutigen Zeit die Raumfahrt, die Elektronik und manchmal auch das Ingenieurwesen. Hephaistos beherrschte schon damals die Kunst, mit seinen Erfindungen Menschen und Götter zu verblüffen. Was alles wir heute mit Hilfe der Technik perfekt imitieren können, kann uns ein Besuch im amerikanischen Disneyland vor Augen führen. Hephaistos braucht sich mit seinen Fähigkeiten jedenfalls nicht zu verstecken: Er kann «künstliche Menschen», «automatische Betten» und «magische Sessel» fabrizieren. Heute würde er vielleicht die Geisterbahn eines Jahrmarkts mit seinen ausgefallenen Ideen bereichern.

Die Episode mit dem Thron der Mutter verdeutlicht noch einen anderen Charakterzug, den wir schon früher erwähnt haben: Der Wassermann-Typus ist auf Unabhängigkeit bedacht. Er läßt sich ungern kritisieren und bevormunden; verwandtschaftliche Bande bedeuten ihm nichts, nur geistige Verbundenheit ist ihm wichtig.

Nicht immer geht es im Zusammenhang mit dem Zeichen Wassermann so heiter zu wie in der Geschichte von Hephaistos. In einem Mythos mit ernsterem Hintergrund ist die Rede davon, daß Zeus das Menschengeschlecht vernichten wollte. Deukalion und seine Gattin Pyrrha zimmerten sich einen hölzernen Kasten, um sich vor der angekündigten Flut zu retten. Zeus ließ mächtige Regengüsse niedergehen, und den Wassern konnten nur die Menschen entrinnen, die auf Berggipfel geflohen waren. Zu den wenigen, die die Flut überlebten, zählten auch Deukalion und Pyrrha. Zeus fragte Deukalion, ob er einen Wunsch habe. Er bat Zeus, wieder Menschen zu erschaffen. Daraufhin befahl dieser, das Ehepaar solle rückwärts über die Schultern Steine werfen. Aus den Steinen, die Deukalion warf, wurden Männer, und aus Pyrrhas Steinen erwuchsen Frauen. Auf diese Weise entstand ein neues Menschengeschlecht.

Die «Ausgießung des Wassers» steigert sich in dieser Erzählung zu einer Regenflut, die hier eine geistige «Reinigung» veranschaulichen soll, die der neuerlichen Begründung des Menschengeschlechts vorangehen muß. Diesen Prozeß überstehen nur die höher entwickelten Menschen, also diejenigen, die sich «auf Berggipfel» flüchten konnten. Auch Deukalion gehört mit seiner Holzkonstruktion zu diesen transformierten Menschen. Deukalion stellt sein ethisches Niveau mit dem selbstlosen Wunsch nach der Erschaffung neuer Menschen unter Beweis. Durch das Werfen der Steine werden er und Pyrrha zu geistigen Stammeltern eines neuen Volkes. Auch der biblische Noah, der sich auf seiner Arche vor der Flut retten konnte, wurde so zum Stammvater. Wie wir sehen, sind die Mythen der verschiedenen Kulturen thematisch eng miteinander verflochten. In ihnen erkennen wir immer wieder dieselben Archetypen, die die Menschheit so anschaulich in den zwölf Tierkreiszeichen ausgedrückt hat.

Schöner als in den Legenden von Deukalion und Noah läßt sich der Gedanke der Bruderschaft und des einheitlichen Ursprungs der Menschheit kaum darstellen. Beide Helden verkörpern auf eindrucksvolle Weise das Wassermann-Prinzip. Die im Deukalion-Mythos vorgeführte «nicht biologische» Art der Fortpflanzung lernten wir schon in der Geschichte von Hephaistos kennen. Sie verweist auf die vom Wassermann-Menschen zu zeugenden «geistigen Kinder».

Zu klären ist allerdings noch die Frage, warum Pyrrha und Deukalion die Steine nach hinten über die Schultern werfen mußten. Wie wir bereits wissen, sind Wassermann-Persönlichkeiten alles andere als rückschrittlich. Die Neugeburt der Menschheit erfolgt daher mit dem Blick nach vorn, wobei die Götter – hier Zeus – den «Rest» erledigen.

Unabhängig vom Mythos soll noch auf einige weitere Eigenschaften des Wassermann-Typus hingewiesen werden. Sein Nicht-Verhaftetsein in der Welt des Irdischen macht ihn zu einem ausgesprochen «unkörperlichen» Zeitgenossen. Die Überbetonung des originellen und abstrakten Denkens verschließt ihm oft den Zugang zur eigenen Person. Haben die Gedanken des Schütze-Menschen noch einen Bezug zur individuellen Erlösung, so kann in den Abstraktionen des Wassermann-Typus – trotz seiner extrem indivudualistischen Lebensweise – das Persönliche verlorengehen. Wie dem Schütze-Menschen ist auch demWassermann-Geborenen eine gewisse Praxisfeindlichkeit zu eigen.

Selbstverständlich setzt er sich nicht immer für die hier beschriebenen Ideale ein. Auf unterem Niveau finden wir schrullige Eigenbrötler, die selbst nicht recht wissen, was sie eigentlich wollen. Ihre synthetischen Gedankengänge können, außer von ihnen selbst, von keinem anderen nachvollzogen werden. Gar mancher mag sich für ein von der Welt verkanntes «Genie» halten. Der an sich als Tugend bei Wassermann-Menschen anzutreffende geistige Gleichmut verwandelt sich dann in Snobismus. Was der Löwe-Typus in der Welt des Glamour darstellen will, das möchte der von Wassermann Geprägte im Bereich des Denkens sein. Die daraus entstehenden emotionalen Bindungsprobleme werden von ihm selbst zwar meist erkannt, jedoch als notwendiges Opfer seines Genius in Kauf genommen. Seine Sprunghaftigkeit kann ihn sowohl zum originellen Gesprächspartner wie auch zum schwer erträglichen «Spinner» machen. Falls es hier zu Einsamkeit kommt, resultiert sie aus allzu großer «Erdferne» und übertriebenem Anderssein-Wollen.

Steinbock-Menschen hingegen müssen sich oft aus den gegenteiligen Gründen mit persönlicher Isolation auseinandersetzen: Wegen ihrer konservativen Orientierung an Normen und Regeln sind sie in den Augen der Umwelt zu angepaßt und «altbacken».

Seinen Beruf versteht der Wassermann-Typus häufig als «geistiges Fitneßtraining» oder als dauernde Denksportaufgabe. Routinearbeiten sind ihm, ganz im Gegensatz zum Steinbock-Menschen, ein Greuel. Geistige Vordenker und Reformer kann man unter diesem Zeichen genauso antreffen wie Vertreter technischer Berufe oder Erfinder und Künstler. Wenn es um außergewöhnliche Probleme und um ihre Lösungen geht, ist man beim Wassermann-Typus jedenfalls immer an der richtigen Adresse.

Eine persönliche Erfahrung soll das Bild von diesem Zeichens abrunden: Vor einiger Zeit lernte ich einen Wassermann-Geborenen kennen (außer der Sonne standen auch Merkur und Venus in diesem Luftzeichen), dem die Unkonventionalität schon äußerlich anzusehen war; auch bei Temperaturen um den Gefrierpunkt trug er kurze Hosen (körperliche Belange sind dem Wasserman-Typus in der Tat oft nicht besonders wichtig). Er weigerte sich außerdem aus Gründen des Umweltschutzes, in irgendwelchen Autos Platz zu nehmen. Er wolle, so sagte er, auch nicht passiv (als Mitfahrer) am Waldsterben mitschuldig werden. Statt dessen befürwortete er den Ausbau von U-Bahnen, Zug- und Buslinien. Seine Lieblingsmusik war auch nicht jedermanns Sache: Er bevorzugte den dissonantesten Free-Jazz, den man sich vorstellen kann...

Zum Schluß soll wieder vom «erlösten» Wassermann-Menschen die Rede sein. Vom gegenüberliegenden Tierkreiszeichen Löwe hat er die Freude am Diesseitigen gelernt. Auch wenn er mit der Zeugung «geistiger Kinder» beschäftigt ist, verliert er nie die unmittelbare menschliche Wärme und Begeisterung, die für Löwe so typisch ist. Inspiriertes Denken verkommt bei ihm nicht zu snobistischer Originalitätssucht. Sein Anspruch auf Freiheit und Ungebundenheit bedeutet ihm nicht nur frei *von* etwas, sondern auch frei *für* etwas zu sein, und die ihm eigene, abgehobene Spontaneität wird nie zum Selbstzweck. Sein globaler Denkansatz prädestiniert ihn für das Lösen komplexer Probleme. Auf höchstem Niveau demonstriert er uns das Prinzip der «Bruderschaft der Menschheit».

Sprichwörter

- *Besser zur Unzeit als gar nicht.*
- *'n bisken verrückt ist am Ende jeder.* (Berliner Redensart)
- *Keiner ist so verrückt, daß er nicht noch einen noch Verrückteren fände, der ihn versteht.* (Heinrich Heine)
- *Unverhofft kommt oft.*

♓

Fische

Gegen Ende des Monats Februar tritt die Sonne in das letzte Zeichen des Tierkreises, Fische, ein. Dieses Wasserzeichen repräsentiert sowohl das Ende einer Entwicklung als auch den sich ankündigenden neuen Zyklus. In dieser Vorfrühlingszeit haucht der Winter sein Leben aus, und schon mit dem nächsten Tierkreiszeichen Widder wird das Licht die Dunkelheit endgültig besiegen. Das Bild der nun einsetzenden Schneeschmelze symbolisiert, wie in Fische ein alter Zyklus aufgelöst wird.

Nach der orphischen Lehre, der auch Plato und Pythagoras anhingen, muß die menschliche Seele in allen zwölf Tierkreiszeichen wiedergeboren werden. Ist sie nach einem Durchgang wieder im Fische-Zeichen angelangt, so entscheidet sich, ob der Inkarnationszyklus erneut begonnen werden muß oder ob sie endgültig mit Gott verschmelzen darf.

Die Mittlerfunktion des Zeichens Fische – zwischen dem Ende eines alten Kreislaufs und dem Beginn einer neuen Entwicklung – wird auch im Sigel deutlich. Es zeigt zwei voneinander abgewandte Bögen, die in der Mitte jedoch miteinander verbunden sind. In dieser Mittellinie können wir den Verbindungssteg zwischen dem Vergangenen und dem Bevorstehenden erkennen. Die künftige Entwicklung ist aber völlig offen. In Fische soll der Mensch auch noch den letzten Rest des Ichhaften auflösen, um mit dem Kosmos verschmelzen zu können. Gelingt ihm dies nicht, muß er sich wieder von neuem (Widder) mit den symbolischen Aufgaben des Tierkreises auseinandersetzen.

Der linke und der rechte Bogen im Ideogramm dieses Zeichens sollen zwei Fische darstellen. Auf manchen Tierkreisbildern «schwimmt» der linke Fisch mit dem Kopf nach unten, der rechte mit dem Kopf nach oben. Damit ist die Wegscheide der menschlichen Entwicklung sinnfällig gekennzeichnet. «Unten» bedeutet Wiedereintauchen in den Zyklus, «oben» wartet die Befreiung. Letztere ist aber erst möglich, wenn die Seele den Tierkeis unzählige Male durchlaufen hat. Das Ganze gleicht einem Perpetuum Mobile. Die Inder sprechen in diesem Zusammenhang vom «Rad der Wiedergeburten»; auch sie deuten den Inkarnationszyklus von alters her in Verbindung mit dem «Rad» des Tierkreises.

Schon in babylonischen und vorantiken Mythen verkörperten Fische den Urgrund des Stofflichen, aus dem heraus eine Neugeburt erfolgen kann. Fasziniert haben den Menschen vielleicht die exakten Laichzyklen dieser Tiere. Wenn sich die Fischschwärme ausnahmsweise nicht an die gewohnten Rhythmen hielten, wurde darin ein schlechtes Omen gesehen.

Im Zeichen Fische befindet sich das Leben zwischen Diesseits und Jenseits. Die Veränderung eines Bewußtseinszustandes kommt auch in der biblischen Geschichte von Jonas und dem Walfisch zum Ausdruck. Aus der Dunkelheit der Stofflichkeit (dem Fischbauch) wird Jonas ans Land geworfen und ist wieder dem Tageslicht (dem neuen Bewußtseinszustand) ausgesetzt. Um die Funktion des Zeichens Fische zu verstehen, muß man also nicht unbedingt an Reinkarnation glauben; dennoch bildet sie die ideale Ausgangsbasis für das Verständnis der Astrologie.

Allerdings darf man die alten Orphiker nicht allzu wörtlich nehmen, denn der Ablauf der Inkarnationszyklen vollzieht sich wohl kaum so schematisch, daß die Erlösung des Menschen immer nur in Fische stattfinden kann; so «steinböckisch» werden die kosmischen Seelengesetze gewiß nicht gehandhabt. Auch die Wahl eines Horoskops, die von der Seele im Übergang von der einen zur nächsten Inkarnation getroffen wird, dürfte in

Fische

der Praxis wohl Regeln folgen, die unser Geist wegen ihrer Komplexität nie wird erfassen können[37]. Gerade aus diesem Grund schufen die Menschen Mythen, um den Nachfahren die Wahrheit auf symbolisch möglichst einfache Weise übermitteln zu können. Mit intellektuellem Denken läßt sich diese Wahrheit allerdings nicht erschließen.

Rein symbolische Gründe hatte es auch dafür gegeben, daß die ersten Christen Jesus immer als Fisch darstellten. Wenn die Geburt des Erlösers mit Steinbock im Zusammenhang gebracht wird, so kann seine übergeordnete Funktion mit Fische verknüpft werden. Sein Kommen sollte demonstrativ den Teufelskreis menschlichen Leids durchbrechen und die Pforte zu «Gottes Himmelreich» öffnen. Die Motive Christi waren allein Barmherzigkeit und Mitempfinden – die höchsten menschlichen Tugenden des Tierkreiszeichens Fische.

Fisch ist bei strenggläubigen Katholiken auch heute noch die Freitagsspeise. Am Karfreitag, dem Todestag des großen «Seelenfischers» Jesus Christus, werden traditionell Karpfen gegessen. In der griechischen Antike galten Fische als Priesternahrung, die dem Volk zu manchen Zeiten verwehrt war.

Die letzten Zeichen des Tierkreises beschäftigen sich durchwegs mit der Überwindung des Stofflichen, doch erst die Fische verweisen auf die Möglichkeit einer endgültigen Auflösung des materiellen Prinzips.

In den Mythen verschiedenster Kulturen treffen wir auf Menschen und Götter, die sich, etwa weil sie auf der Flucht sind oder auch aus anderen Gründen, ins Meer stürzen; Agni und Vishnu (indisch), Aphrodite und Eros (griechisch) und Oannes (babylonisch) sind nur einige Beispiele. Das Meer, eine typische Fische-Analogie, repräsentiert in seiner Unbegrenztheit sowohl die Sehnsucht nach dem Kosmos als auch den «Ozean irdischen Verlangens», in den man gerne ersatzweise eintaucht. Dieses Ins-Meer-Eintauchen kann also eine «Flucht ins Unbewußte» bedeuten. Im Meer begann die Evolution des individuellen Lebens, so daß wir in ihm zu Recht ein Sinnbild für die Sehnsucht nach den Uranfängen des Seins erblicken können. Betrachten wir in diesem Zusammenhang die griechische Legende von Derketo[38].

Eines Tages bemerkte Derketo, daß sie schwanger war, und verzweifelt stürzte sie sich von den Klippen ins Meer. Der Gott Poseidon hatte das Geschehen beobachtet und ärgerte sich über Derketos selbstzerstörerisches Tun. Zur Strafe verwandelte er sie in eine Meerjungfrau.

Die Kehrseite der unbegrenzten Sehnsucht nach dem Göttlichen ist der unkontrollierte Umgang mit dem Psychischen. In ihrer labilen seelischen Konstitution ähnelt Derketo dem unerlösten Fische-Menschen, denn auch dieser ist oft schwankend, ich-schwach und gerät schnell in Panik. Der Meergott Poseidon, der in Rom Neptun hieß, regiert als Planet das Tierkreiszeichen Fische. Er verwandelt Derketo in eine Sirene. Sie ist somit dazu verurteilt, auf ewig an das Unbewußte (Meer) gefesselt zu sein, und hat nun genügend Gelegenheit, über ihre Wirklichkeitsflucht nachzudenken. Nach einer anderen Version des Mythos wird Derketo zur Strafe von einem Meeresungeheuer verschlungen. Auch dies drückt die Verkettung mit dem Unbewußten aus.

Der Gott des Weines und der religiösen Ekstase, Dionysos, vertritt ebenfalls das Fische-Prinzip. Er konfrontiert uns sowohl mit positiven als auch mit problematischen Charakterzügen von Fische-Menschen.

Dionysos entstand aus der Vereingung von Zeus und Semele, was «die Unterirdische» heißt. Semele verstarb noch vor seiner Geburt, und Zeus nahm sich des Fötus an, den er sich, so berichtet Euripides, in den Schenkel einpflanzte. Daher nannte man Dionysos auch den «Zweimalgeborenen».

In seiner Jugend hatte Dionysos viele Ähnlichkeiten mit Achilleus. Er war fast ausschließlich von Frauen umgeben und trug auch Frauenkleider. Sein Charakter war der eines weichen, feinfühligen Menschen. Durch seine Schönheit bewirkte er schon früh bei vielen Frauen erotische Rasereien, was ihm die Mißgunst der Männerwelt einbrachte. Einmal, bei einer gefährlichen Verfolgung durch den eifersüchtigen König Lykurgos, sprang der kleine Gott erschrocken ins Meer. Überhaupt wurde Dionysos häufig von Seefahrern auf dem Meer gesehen. Hier war er zu Hause[39].

Es wird überliefert, daß Dionysos in seiner Jugend nach seiner Mutter suchte. Er wußte, daß sie in der Unterwelt weilte, konnte sie jedoch zunächst nicht finden. Als er versprach, noch mehr als bisher weibliche Hingabe zu verwirklichen, wurde ihm ein Führer gegeben. Auf diese Weise gelangte er zu Semele. Nachdem er sie ans Tageslicht gebracht hatte, machte er sie unsterblich.

Dem erwachsenen Dionysos zu Ehren feierte man Feste, an denen jedoch nur Frauen teilnahmen. Da er der Erfinder des Weinbaus war, uferten die Feste oft in rauschende Orgien aus. Gar mancher wurde durch den Dionysoskult zu Gewalttaten und in den Wahnsinn getrieben. Andererseits wurde auch von tiefgehenden religiösen Erlebnissen berichtet, die Dionysos seinen Anhängern vermitteln konnte. Während in einigen Versionen des Mythos der Gott im Meer umkam oder grausam zerstückelt wurde, war in anderen von seiner Himmelfahrt – zusammen mit seiner Gattin Ariadne – die Rede. Die beiden hatten auf der Insel Dia, was «die

Göttliche» heißt, geheiratet und waren kurz darauf in einem Wagen in die Wolken entschwebt.

Auf die durch das Fische-Zeichen angedeutete Wahl zwischen Erlösung (Götterwelt) und Verhaftung im Irdischen (Unterwelt) wird schon bei Dionysos' Geburt angespielt. Er ist das Kind einer «Unterirdischen» und eines Gottes (Zeus). Demzufolge wird er sowohl von der Mutter als auch vom Vater geboren und trägt den Namen «der Zweimalgeborene». Seine zweite Geburt erfolgt aus dem Göttlichen (Zeus), dem letztlich jeder Mensch entstammt.

Die Parallelen zu dem Krebs-Helden Achilleus sind nicht zufällig, denn Krebs und Fische gehören zu den sensiblen Wasserzeichen, bei denen feminine Tugenden zu finden sind. Im von Mars (dem Kriegsgott) und Pluto regierten Wasserzeichen Skorpion beschäftigt man sich hingegen auf kämpferischere Weise mit Gefühlen. Vergleicht man Krebs- und Fische-Menschen miteinander, so sind letztere noch etwas feinfühliger, häufig sogar übersensibel. Der auf der Flucht vor König Lykurgos ängstlich ins Meer springende Dionysos verdeutlicht diesen Charakterzug. Im übertragenen Sinn flüchtet der Fische-Mensch bei Problemen «ins Meer», also ins Unbewußte. Bei ihm ist diese Neigung noch häufiger anzutreffen als beim Krebs-Typus.

Unter dem Zeichen Fische lebt man oft seine weiblich-intuitive Seite aus. Dionysos kann seine Mutter erst finden, nachdem er versprochen hat, seine Hingabe zu vertiefen. Nur mit selbstloser und aufopferungsvoller Liebe kann das «Unterirdische» (Semele) erlöst werden. Dazu muß Dionysos Semele jedoch erst an die Oberfläche, ans «Tageslicht», bringen. Dies deutet unmißverständlich darauf hin, daß in Fische verborgene Charakterzüge bewußt gemacht werden sollen; wie unter keinem anderen Tierkreiszeichen zeigt sich hier die «Fähigkeit», Unangenehmes zu verdrängen. Nur Krebs-Geborene können in dieser «Disziplin» einigermaßen mithalten.

Die große Sehnsucht des Fische-Menschen nach nicht Greifbarem kann auf zweierlei Art gestillt werden: durch religiöse Ekstase einerseits und durch Rausch und Wahn andererseits. Im Dionysos-Kult kommt denn auch beides zusammen; nicht zufällig ist Dionysos der Gott des Weines. Wer stets vor der Wirklichkeit flieht, greift gern zur Droge. Doch der Wein steht keineswegs einseitig für «Sündhaftes». Auf einem in Rom erhaltenen Wandgemälde sieht man, wie Dionysos den Wein bei einer religiösen Weihehandlung verwendet. Auch im Christentum gilt der Wein als göttliches Getränk. Die Bibel berichtet, daß Jesus Wasser in Wein verwandelt hat.

Wenn noch heute in der Meßfeier Christi Blut durch Wein symbolisiert wird, so ist die Ähnlichkeit mit Dionysos' Weihehandlung ohne weiteres zu erkennen.

Der «Dionysos» in jedem Fische-Menschen hat – entsprechend der beiden Versionen des Mythos – zwei Möglichkeiten: entweder er kommt im Meer des Unbewußten um, oder aber er «fährt in den Himmel auf» und wird erlöst.

Im Alltag begegnet uns der Fische-Typus oft als bescheidener, anspruchsloser und unauffälliger Mensch. Doch wir wissen ja, daß «stille Wasser tief gründen» können. Äußerliche Unscheinbarkeit ist oft von einer extremen psychischen Beeindruckbarkeit begleitet. Die Schriftstellerin Anais Nin (Sonne, Venus und Jupiter in Fische) schildert, wie weit dies gehen kann. Als sie einmal schwimmenden Fischen in einem Aquarium zuschaute, erlitt sie einen Anfall von Atemnot. Sie schreibt:

> Ich hatte so intensiv beobachtet, war so mit ihrer Atmung beschäftigt, daß ich selbst zu atmen vergaß. Ich wollte so gerne wissen, wie sie atmen... daß ich die Atmung der Frau, die vor dem Aquarium stand, vergaß. Ich war eingegangen in das Wasser, in den Körper der Fische. Ich war der Fisch... und während ich mich in den Fisch verwandelte, vergaß ich als Frau zu atmen. Dies geschieht mir oft, wenn ich die Leiden der anderen anschaue – ich fange an, das Leben der anderen mitzuerleben... Es ist ein Teil der Religion des Zen, das zu *werden,* worüber man meditiert.[40]

Den Fische-Geborenen fehlt der schützende Panzer des Krebs-Typus, in den sie sich zurückziehen könnten; noch mehr als Krebs- oder Skorpion-Menschen können sie sich in Fremdes einfühlen. Während die Gefühle unter Krebs-Einfluß noch einen Bezug zur Person haben, kann sich der Fische-Typus gefühlsmäßig auch mit Unpersönlichem identifizieren. Anders ausgedrückt, repräsentiert das Zeichen Fische grenzenlose Einfühlung, während man unter Krebs im Persönlich-Familiären eingebunden bleibt. Der Drang, Grenzen zu überschreiten, macht die Menschen unter diesem letzten der drei Wasserzeichen aufgeschlossen für Irrationales, Unheimliches und Transzendentes, allerdings ist man hier auch anfällig für Suggestionen. Ein «sechster Sinn» und mediale Begabung können für den Betreffenden mit dem Verlust der Eigenpersönlichkeit einhergehen. In der Praxis verschieben sich außerdem die Grenzen zwischen Einbildung und echter medialer Wahrnehmung.

Im Gegensatz dazu finden wir beim Skorpion-Typus die Fähigkeit, andere zu manipulieren. Bei Fische-Menschen sind die Vorzeichen genau umgekehrt; ihre «Jenseitigkeit» kann sie im schlimmsten Fall zum Spielball fremder Interessen machen. Im individuellen Horoskop kann dies aber durch eine Widder- oder Steinbock-Betonung stark relativiert werden.

Im allgemeinen sind Fische-Menschen eher introvertiert als extravertiert. An ihr Innenleben kommt man nur schwer heran. Oft erscheinen sie uns als geheimnisvolle Wesen, und wenn wir sie fassen wollen, gleiten sie uns aus der Hand wie glitschige Fische. Ist jedoch im Horoskop eine auffällige Merkur- oder Luftzeichenbetonung vorhanden, verlieren sie ihr stummes Wesen und können sogar sehr redselig sein. Der Hang zum Geschehen-Lassen zeigt sich aber auch bei dieser gesprächigen «Fischart». So mag der Fische-Mensch vielleicht keine Schnittblumen, weil ihm deren Massenzucht zuwider ist, und er kann vor allem nicht einsehen, warum er sich eine «tote Pflanze» auf den Tisch stellen soll. Überhaupt ist er nicht selten ein sogenannter «Wertkonservativer», dem allzu Modernes gegen den Strich geht. Darin unterscheidet er sich in krasser Weise vom Vertreter des vorhergehenden Zeichens Wassermann, und während es letzterem um die Reform der Weltgesellschaft geht, wendet sich der Fische-Mensch gleich dem ganzen Kosmos zu. Selbst globales Denken im Weltmaßstab ist ihm noch zu begrenzt. Er will nicht die Verbesserung des Diesseitigen allein; wenn überhaupt, muß sie mit der Erfahrung und Integration des «Jenseitigen» verbunden sein.

Setzt man die letzten drei Tierkreiszeichen miteinander in Beziehung, dann drückt Steinbock die Geburt der Lichtfunken aus, Wassermann steht für die Zusammenführung dieser Funken zum Weltganzen und Fische schließlich symbolisiert die Rückführung zum Ausgangspunkt, dem Universum.

Philosphisch entspricht diesem letzten Zeichen des Tierkreises der Satz des Hermes Trismegistos, daß alles, was oben ist (Universum), dem entspricht, was unten ist (Erde). Dieser Satz enthält das Grundelement der Astrologie, den Gedanken vom Mikrokosmos im Makrokosmos, und damit auch die Aussage: «Alles ist in einem, und eins ist in allem.» Albert Einstein (Sonne in Fische) war ein Vertreter dieser Denkweise. Sein Religionsverständnis bezeichnete er als «kosmische Religiosität». Die für Fische-Menschen typische, manchmal fast naive Demut wird mit folgendem Ausspruch umschrieben: «Um ein tadelloses Mitglied einer Schafherde sein zu können, muß man vor allem ein Schaf sein.»[41] In gewisser Weise wird das Fische-Prinzip auch durch die Relativitätstheorie veranschaulicht. Die

Dinge in Relation zum letzten Gesetz (Kosmos) zu betrachten, gehört besonders im übertragenen Sinn zu den höchsten Tugenden der Fische-Menschen. Einsteins Theorie sprengte die Grenzen der bisherigen Vorstellungen von Raum und Zeit.

Die Unterordnung unter Normen und Gesetze ist nicht Sache eines Fische-Menschen, der sich ungebunden dem Strom des Lebens hingeben möchte. Allerdings können wir hier auch Nachlässigkeit, Unpünktlichkeit, illusionäres Denken, verschwommene Zielvorstellungen, zu schnelle Nachgiebigkeit und den Hang zur Resignation finden. Auf der höchsten Stufe hingegen lehren uns die Fische-Persönlichkeiten die Identifikation mit dem uranfänglichen Seinszustand. Anfang und Ende sind hier eins. Nie vergessen sollten wir jedenfalls, daß das Fische-Prinzip symbolisch auf das Ende eines Entwicklungszyklus verweist.

Viele Astrologiebücher geben an, daß der Fische-Mensch ein geborener Mystiker sei. Selbstverständlich gilt das nur für gereifte Seelen. Sie geben sich der Meditation hin und lassen sich vom «großen Fischer» (dem Christus- oder Kosmos-Prinzip) einfangen. Mehr als die Vertreter aller anderen Tierkreiszeichen offenbaren die Fische-Menschen bedingungslose Glaubensbereitschaft. Sie verstehen, daß man zuerst eine tiefe Überzeugung «investieren» muß, ehe kosmische Erfahrungen möglich werden. Mit ihrem «unlogischen» und akausalen Denken drücken sie genau das Gegenteil von dem aus, was die Repräsentanten des gegenüberliegenden Zeichens Jungfrau vorleben, denn diese benötigen zuerst Beweise, um von einer Sache überzeugt sein zu können.

Blinde Glaubensbereitschaft kann natürlich auch ein großes Hindernis auf dem Weg zu echter Spiritualität sein; man denke nur an die Gefahren des Sektenwesens und Guru-Kultes.

Im beruflichen Leben findet man fischebetonte Menschen wegen ihrer mitunter aufopferungsvollen Einstellung oft im Sozialbereich. Als Wissenschaftler können sie – wie Einstein – die Grenzen des Denkens erweitern. Ihre reiche Phantasiewelt sucht eher schöpferische Tätigkeiten, wo die Gefahr der Monotonie ausgeschlossen ist.

Der transformierte Fische-Mensch grenzt Jungfrau-Typisches wie systematisches Denken, Prüfung auf Realisierbarkeit und praktische Verwertbarkeit nicht völlig aus. Er verliert sich weder im Gefühlsüberschwang noch verfängt er sich in lebensfeindlichen Phantasien. Sein passives Abwarten führt nicht dazu, daß ihn der Gang der Ereignisse überrollt.

Lernen können wir von ihm eine ruhige, ernste und doch vom Irdischen losgelöste Stimmung, die ihn die Schwierigkeiten des Alltags leichter ertragen läßt. Bewundernswert ist auch seine Bereitschaft, sich von den kleinsten Vorkommnissen seelisch bewegen zu lassen, und gerade die Lektion, sich vom Leiden der Umwelt nicht beeinträchtigen zu lassen, aber dennoch nicht abzustumpfen, hat er gemeistert.

Im höchsten Entwicklungsstadium erkennt der Fische-Mensch in passiver Hingabe das Wirken der göttlichen Gesetze auf Erden und läßt sie jeden Tag Maßstab seines Handelns sein.

Sprichwörter

- *Stille Wasser gründen tief.*
- *Träume sind Schäume.*
- *Der Fisch sieht den Köder, nicht die Angel.*
- *Wer bescheiden ist, muß dulden.* (Johann Wolfgang von Goethe)
- *Wer um eine Hoffnung ärmer ist, ist um eine Erfahrung reicher.* (Ungarisch)
- *Im Durchschnitt ist man kummervoll und weiß nicht, was man machen soll.* (Wilhelm Busch)
- *Auch das kleinste Ding hat seine Wurzel in der Unendlichkeit, ist also nicht völlig zu ergründen.* (Wilhelm Busch)

Die zehn Planeten

☉

Sonne

Regentin von Löwe

Ohne die Sonne gäbe es kein Leben auf der Erde. So verwundert es denn nicht, daß die Sonne in vielen Mythen als Schöpfergott verehrt wurde.

Das Sigel zeigt einen Kreis mit einem Punkt in der Mitte. Ein Kreis symbolisiert immer Vollkommenheit, ein Punkt hingegen verweist auf Konzentration. Kombiniert man beides miteinander, kann man von der in sich selbst ruhenden oder manifestierten Vollkommenheit sprechen. Auch hier geht es, ähnlich wie im Tierkreiszeichen Löwe, das von der Sonne regiert wird, um Individuation.

Wenn sich der Mensch in den Mittelpunkt stellt, sind damit natürlich immer Gefahren verbunden; nach der Lehre der Mandäer, einer gnostischen Glaubensgruppe, lassen die Dämonen der Sonne Hochmut und Ruhmsucht aufkommen.

Die Bedeutung der Sonne zeigt sich auch darin, daß der erste Wochentag nach ihr benannt ist. Der Bibel zufolge begann die Schöpfung an einem Sonntag, und Jesus soll an einem Sonntag von den Toten auferstanden sein. Wir hatten bereits auf die Verbindung des Zeichens Löwe zum Königtum hingewiesen; dasselbe gilt für die Sonne. So nannten die Inkas ihren Herrscher «Sohn der Sonne». Vergleicht man die Sonnen-Mythen miteinander, so trifft man immer wieder auf mächtige Götter des Lichts, die das lebensspendende Prinzip repräsentierten. Den babylonischen Sonnengott Schamasch pries man in einem Hymnus wie folgt:

Schamasch, König des Himmels und der Erde,
der da leitet, was oben und unten ist,

Schamasch, den Toten zu beleben, Gebundenen zu lösen,
steht in deiner Hand!
Unbestechlicher Richter, der die Menschen leitet,
erhabener Sproß des Herrn des glänzenden Aufgangs,
starker, glanzvoller Sohn, Licht der Länder,
Schöpfer von allem allzumal im Himmel
und auf Erden bist du, Schamasch.[42]

Einen anderen Sonnengott lernten wir im nordischen Skorpion-Mythos schon mit dem Lichtgott Wotan kennen, den der hinterhältige Loki töten ließ. In Ägypten gab es gleich drei Sonnengötter: Horus (Morgensonne), Ra (Mittagssonne) und Atoum (Abendsonne). In Syrien verehrte man Baal, in Persien Ormuzd und Mithras, in Sumer Babbar und in Rom Sol. In Indien war man der Überzeugung, daß der Schöpfergott Brahma in der Sonne wohnte. Auch die Christen bezeichnen ihren Erlöser als das «Licht der Welt»; ein direkter Bezug zur Sonne ist bei Jesus allerdings nicht gegeben. Die Griechen schließlich huldigten Apollon und Helios.

In Delphi kann man noch heute die Überreste des Apollon-Heiligtums besuchen. Berühmtheit erlangte der Spruch, der früher über dem Tempel zu lesen war: «Mensch, erkenne dich selbst.» Damit wird auf die schon angesprochene Individuation hingewiesen. Apollon war eine sehr charismatische Gestalt und genoß überall Respekt. Sein glühender Atem, so sagte man, konnte viele Feinde vernichten.

Gänzlich den irdischen Problemen entrückt war Helios, den man auch das «Auge des Zeus» nannte. Die alten Griechen glaubten, daß ihre Augen von Helios stammten. Mit einem weiteren Beinamen hieß er «Zeugender Vater der Sonnenstrahlen». Überhaupt besaß Helios viele väterliche Züge. Von oben schaute er nachsichtig auf die oft unverständlichen Handlungen der unter ihm Lebenden herab. Obwohl er nie eingriff, strahlte er für alle große Autorität aus.

In den Stunden des Sonnenuntergangs, so berichtet der Mythos, stieg Helios in einen großen goldenen Becher. Dann widmete er sich seiner Frau und seinen Kindern und war für niemanden sonst erreichbar. Des Morgens begab er sich wieder mit seinem Wagen zum östlichen Himmel. Zur selben Zeit legte sich die Mondgöttin Selene zur Ruhe nieder.

Die Töchter des Helios nannte man «Lampetia», die «Leuchtenden». Der Odyssee zufolge hüteten sie auf einer Insel die 350 Rinder ihres Vaters. Diese Zahl entsprach den Tagen des griechischen Jahres, das zwölf Mondmonate zu einem unvollständigen Sonnenjahr zusammenfaßte.

So wie die Sonne der Mittelpunkt unseres Sonnensystems ist, so sieht sich der in seinem Horoskop stark vom Sonne-Prinzip geprägte Mensch im Zentrum aller Dinge. Bei ihm herrscht Aktivität und Kreativität vor – ganz anders als beim «reaktiven Lunaren». Die Sonne offenbart immer den Persönlichkeitskern eines Menschen. Ist die Sonne im Horoskop zentral gestellt, sind Selbstwert und Selbstbestimmung betont. Wie im Tierkreiszeichen Löwe kann der lebensnotwendige Egoismus jedoch in krankhafte Herrschsucht und übersteigerten Stolz umschlagen.

Die Position der Sonne im Horoskop klärt uns auch über die Art auf, in der ein Mensch seinen Lebensplan gestaltet. Hat die Sonne keine unmittelbare Verbindung zu anderen Planeten des Geburtsbildes, so findet der Betreffende seinen «roten Faden» oft erst nach erheblichem Energieaufwand. Ein Sonne-Problem ist immer ein Problem der Ich-Organisation.

Im Vergleich zu Mars, der eine urwüchsige und irdisch ausgerichtete Energie repräsentiert, erkennen wir in der Sonne ungebundene, schöpferische Kraft. Großmut, charismatische Ausstrahlung, Lebensfreude und väterliche Fürsorge sind einige der positiven Sonne-Entsprechungen.

Wie der Mond unser Mutterbild darstellt. so zeigt die Sonne unser inneres Vaterbild. Diese archetypischen Elternbilder werden als Erwartungshaltung auf erziehende Personen projiziert; ist einer der Elternteile gestorben oder dauernd abwesend, überträgt das Kind diese Bilder auch auf die Großeltern, ältere Geschwister oder andere ihm nahestehende Menschen. Konflikte entstehen immer dann, wenn der jeweilige Archetyp nicht mit der äußeren Realität übereinstimmt.

Berufs- und Lebensbereiche

Zu den typischen Berufen der Sonne/Löwe-Kategorie gehören: Schauspieler, Manager, Direktor, freier Unternehmer («self made man»), Dirigent, Optiker, Berufe im Beleuchtungswesen, Berufe des Präsentierens (Diskjockey, Conferencier, Entertainer, Animateur), Croupier.

Medizinische Entspechungen

Unter dem Aspekt der medizinischen Astrologie müssen wir eine typische Managerkrankheit, den Herzinfarkt, erwähnen. Herz/Kreislauf-Probleme deuten oft auf eine falsche Ich-Organisation hin, und nicht selten rückt man hier im Grunde unwichtige Dinge in den Mittelpunkt, während Seelisches unterbewertet wird. Wie uns der Mythos von Helios zeigt, wird die Sonne auch mit den Augen in Verbindung gebracht. Goethe scheint von diesem Zusammenhang gewußt zu haben:

Wär' nicht das Auge sonnenhaft,
die Sonne könnt es nie erblicken.

Schwierigkeiten mit der Sehkraft können also andeuten, daß man den roten Lebensfaden durch die «falsche Brille» und deswegen unscharf sieht.

☾

Mond

Regent von Krebs

Genau achtundzwanzig Tage dauert es, bis der Mond den Tierkreis einmal umrundet hat. Dieser Zeitraum entspricht dem Menstruationszyklus der Frau. Der Mond wurde seit jeher mit Weiblichkeit, Fürsorge und Geburt in Zusammenhang gebracht. Als «Schoß der Mütter» repräsentiert er gleichzeitig das persönliche Unbewußte eines Menschen. Im Horoskop gibt uns die Stellung des Mondes Aufschluß über die Gefühlsnatur einer Person. Ist der Mond unterbetont, herrschen oft männliche Züge vor.

Im Altertum hatten die Astrologen die Aufgabe, möglichst genau vorauszusagen, wann ein Fluß – etwa der Nil – über seine Ufer treten und das Land überschwemmen würde. Dazu studierte man die Mondzyklen. Daß Ebbe und Flut in physikalischem Zusammenhang mit dem Mond stehen, wissen wir bereits aus der Schule, und das Kommen und Gehen der Gezeiten erinnert uns an das Erscheinen und Verschwinden des Mondes.

Der zu- und der abnehmende Mond galten früher als Bilder für launische Menschen; das Wort «Laune» kommt von dem lateinischen «luna» (Mond). Wer den Mond am Aszendenten stehen hat, gehört zu diesem Menschen-Typus. Das Ideogramm des Mondes zeigt eine Mondsichel. Dieses Symbol war schon im dritten vorchristlichen Jahrtausend in Ägypten zu finden.

Keiner der zehn Planeten ist mit so vielfältigen Mythen verwoben wie der Mond. Eine Analyse all dieser Erzählungen würde ein ganzes Buch füllen. Zu den Mondgöttinnen zählen Gwaten (japanisch), Luna (römisch), Soma (indisch), Isis (ägyptisch), Hekate und Selene (beide griechisch), Lilith (kanaanitisch), Melecheth (hebräisch), Nin-Gal (babylonisch).

Eine besonders schöne Geschichte handelt von Selene. Wie Isis war sie eine Schutzgöttin der Frauen. Sie half bei Entbindungen und förderte das Wachstum bei Mensch, Tier und Pflanze. Man erzählte, daß Selene, wenn sie hinter den Bergen von Latmos in Kleinasien verschwand, ihren Geliebten Endymion besuchte, einen schönen Jüngling, den sie mit ewigem Schlaf beschenkt hatte; sogar offenen Auges konnte er schlafen. Allerdings hatte Selene ihm diese Gabe nicht ohne Hintergedanken verliehen, denn auf diese Weise konnte sie ihn so oft küssen, wie sie wollte. Später zeugte er fünfzig Kinder mit ihr.

Endymion bedeutet «der Sich-innen-Befindende». In poetischer Weise wird damit zum Ausdruck gebracht, wie liebevoll uns der Mond auf die Reise nach innen schickt. Der Schlaf, den Selene freigebig schenkt, repräsentiert außerdem das Unbewußte, das durch Träume zu uns spricht. Die fünfzig Kinder verkörpern nicht nur Selenes große Fruchtbarkeit, sondern auch eine olympische Periode, die eben diese Anzahl von Monaten umfaßt. Das Wort «Monat» bezeichnet hier den achtundzwanzigtägigen Lauf des Mondes um den Tierkreis. Heute umfaßt ein Monat dreißig Tage, weil man ihn von Vollmond zu Vollmond mißt; die Differenz von zwei Tagen beruht auf der bei dieser Methode mit zu berücksichtigenden monatlichen Wanderung der Sonne von 30° (das entspricht einem Tierkreiszeichen). Der Mond muß aber, um der Sonne im Tierkeis erneut gegenüberzustehen (Vollmond), nicht nur zwölf, sondern dreizehn Tierkreiszeichen durchwandern (synodischer Monat), wofür er zwei zusätzliche Tage benötigt.

Mond

Wer bei Vollmond zur Welt gekommen ist, empfindet meist eine gewisse Diskrepanz zwischen Fühlen und Wollen und regt sich schnell auf.

Allseits bekannt ist, daß viele Menschen bei Vollmond schlechter als üblich schlafen und auch nervöser sind. Die Zahl der Autounfälle nimmt bei Vollmond leicht zu, was ebenfalls auf ein zu dieser Zeit verändertes «psychisches Klima» hinweist.

Den Griechen zufolge verdanken wir Selene jedoch nicht nur den Vollmond und den Schlaf, sondern auch den morgendlichen Tau, den sie geboren hatte, nachdem sie von Zeus umarmt worden war. Meist wird Selene als sanfte Frau beschrieben, die mit ihrem Wagen gemächlich über den Himmel zieht. Bekleidet ist sie mit einem leuchtenden Gewand, von dem ein mildes Licht ausgeht; dieses Licht hüllt die Erde in einen wundersamen Schein. Selene badet regelmäßig, und wohlriechend entsteigt sie jedesmal dem Wasser.

Ebenfalls aus der griechischen Götterwelt stammt Hekate, die, ähnlich wie Lilith, auf problematische Mond-Charakteristika verweist. Sie ist die «schreckliche Göttin der Nacht», deren Töchter den Menschen schlimme Alpträume schicken. Im Englischen zeigt das Wort lunatic (verrückt), den Zusammenhang zwischen Mond und gestörter Psyche deutlich auf. Der römischen Göttin Luna verdanken wir den «dies luna», den «Tag des Mondes» (Mon-d-tag).

Im Christentum wurde die Jungfrau Maria häufig auf einer Mondsichel stehend abgebildet. Als Mutter Jesu verkörpert Maria das ideale Mutterbild. Albrecht Dürer stellte sie auf seinem Holzschnitt *«Maria im Strahlenkranz in der Mondsichel»* als vollbusige, fürsorgliche Frau mit rundem, vollwangigem Gesicht dar, die, auf einem dicken, weichen Kissen sitzend, das Jesuskind stillt – noch prägnanter kann das Mond/Krebs-Prinzip wohl kaum illustriert werden. Wie auch viele andere Bilder von Dürer belegen, beherrschte der Künstler die astrologische Symbolik in vollkommener Weise; ebenso wie Leonardo da Vinci war er eng mit einem Astrologen befreundet[43].

Psychologisch gesehen, symbolisiert der Mond das seelische Reflexionsvermögen. Überhaupt ist er das Prinzip der Widerspiegelung, denn auch am Himmel können wir ihn nur deshalb erkennen, weil er das Licht der Sonne reflektiert! So wurde dieser Trabant der Erde zum Sinnbild passiven Aufnehmens. Statt zu agieren, will der mondbetonte Mensch lieber reagieren. Ohne äußeren Reiz verfällt er leicht in Lethargie.

Auf die menschlichen Entwicklungsstadien bezogen, entspricht der Mond der Kleinkindphase. Hier ist man noch völlig von der Mutter abhängig. Nur durch das Nachahmen von Lauten lernt ein Kind sprechen, und sich mit der Umwelt auseinanderzusetzen, bedeutet für es, das zu imitieren, was ihm begegnet. Das Kleinkind ist noch in ursprünglicher und natürlicher Weise mit allem eins. Stößt es sich etwa an einer Tür, sagt es: «Du böse Tür!» Weit geöffnete, staunende Kinderaugen sind der schönste Ausdruck des Mond-Prinzips. In unbekümmerter, naiver Bereitschaft öffnet sich das Kind den Bildern der Außenwelt. Im Gegensatz zum Erwachsenen erlebt es die Realität als Märchenwelt. Erst Yogis und Mystiker erleben die «Wirklichkeit» wieder als symbolische Bilderwelt.

Unsere Realität bezeichnen die indischen Philosophen als *Maya* (Täuschung), die die göttliche Wahrheit nur vernebelt. Mit seinem Ausspruch: «Werdet wie die Kinder», forderte Jesus uns dazu auf, unsere ernste und manchmal bittere Betrachtungsweise des Lebens zu revidieren und uns wie staunende Kinder für die letzte Wahrheit zu öffnen.

Wenn wir unsere Verkrampfungen beim Anblick von Babys für einen Augenblick vergessen und sogar wieder herzlich lachen können, dann werden wir unbewußt an den «göttlichen Urschoß» erinnert, zu dem wir alle zurückfinden müssen.

Die Trennung von Subjektivem und Objektivem fällt dem mondbetonten Menschen sehr schwer. Seine mangelnde Distanz zur Umwelt macht ihn verletzlich. Die beim Krebs-Typus anzutreffende Weichheit und Nachgiebigkeit ist hier in gleichem Maß zu beobachten. Das Bedürfnis nach Schlaf, Träumen und phantasievollen Tätigkeiten ist ebenfalls sehr groß.

Berufs- und Lebensbereiche

Mond/Krebs-Menschen sind oft im Pflege- und Betreuungswesen tätig, auch als Geburtshelfer/innen oder Kindergärter/innen sowie in Hotels, in Wäschereien, im Lebensmittelhandel, im Zusammenhang mit Spielwaren und im Bereich der Heimatpflege.

Medizinische Entsprechungen

Medizinische Entsprechungen von Mond und Krebs sind: Magen, Milchdrüsen, Lymphsystem und Gebärmutter. Auch Schlafstörungen gehen auf sie zurück. Auf den Zusammenhang zwischen Magen und Gefühlen sind wir bereits im Kapitel über den Krebs eingegangen.

☿

Merkur

Regent von Zwillinge und Jungfrau

Die Signatur des Merkur gibt uns bereits Aufschluß über seine Funktion, denn das solare Geistprinzip (Kreis) befindet sich in der Mittlerrolle zwischen dem Gefühl (Halbkreis des Mondes) einerseits und irdischer Materie (Kreuz) andererseits.

Das Stichwort «Vermittlung» kennen wir schon von Zwillinge her. Der Merkur entspricht in seiner Symbolik diesem Luftzeichen mehr als dem erdigen Jungfrau-Zeichen, die er nur sekundär regiert. Sowohl Zwillinge als auch Merkur verkörpern das distanzüberwindende Prinzip, im buchstäblichen und im übertragenen Sinn: Denken, Sprechen, Dolmetschen, Briefeschreiben, Autofahren und dergleichen mehr. Sogar am Wochentag des Merkur, dem Mittwoch (französisch «mercredi»), läßt sich die Mittlerfunktion aufzeigen, denn in der Wochenmitte gelegen, verknüpft er den Anfang und das Ende der Woche miteinander.

Viele Mythen schildern Merkur als den Sohn einer Sonnen- und einer Mondgottheit. In seinem Sigel sind denn auch Sonne und Mond enthalten. Merkur hatte den Menschen auf Erden (im Sigel mit dem Kreuz symbolisiert) die Botschaften der Götter zu übermitteln. In Babylon betete man Merkur in zehn verschiedenen Gestalten an, was für seine herausragende Stellung spricht. Einer seiner bekannteren Namen war Abed-Nebu. Der Titel des Abed-Nebu lautete: «Gott des Wissens und der Schrift.»

Sowohl im arabischen als auch im ägyptischen Kulturkreis wurde Merkur als ein Mann mit Papier und Feder dargestellt. Als Schutzherr der Literatur hieß er in Ägypten Thoth, auf Denkmälern bezeichnete man ihn als Her-mai; daraus wurde später der griechische Name Hermes. Wie Anubis, die zweite Merkur-Gottheit der Ägypter, geleitete auch Hermes die Toten zur Unterwelt und war somit auf allen drei Ebenen präsent – im Himmel, auf Erden und im Jenseits.

Auch die Römer sahen in ihrem Gott Merkur den Herrn des Wissens. Merkur ist der sonnennächste Planet. Von daher ist er, symbolisch gesehen, der göttlichen Weisheit besonders verbunden und für ihre Übermittlung der ideale Bote. Aus diesem Grund bezeichneten die Griechen ihren Hermes wohl auch als «Götterboten». An dem Wort Hermeneutik, «Interpretation», können wir heute noch die übermittelnde und deutende Aufgabe des Hermes erkennen.

Die Geschichte von Hermes wollen wir nun ein wenig näher betrachten. Als der klügste unter den Söhnen des Göttervaters Zeus war Hermes aus einer unehelichen Verbindung zwischen Zeus und Maia hervorgegangen. Unmittelbar nach seiner Geburt demonstrierte er schon seine Fingerfertigkeit, indem er aus einem Schildkrötenpanzer eine Leier schuf.

In seinem Erfindungsreichtum gleicht er Hephaistos, der das Uranus/Wassermann-Prinzip verkörpert. Sowohl Uranus als auch Merkur sind Regenten von Luftzeichen; Uranus ist allerdings etwas «exzentrischer» als Merkur und wird als dessen «höhere Oktave» bezeichnet.

Hermes' zweite Tat war der Raub von Apollons Rindern. Zu diesem Zweck zog er sich große Schuhe an, denn der Verdacht sollte nicht auf ein Kleinkind fallen. Bei Hermes' körperlicher und geistiger Schnelligkeit war der Diebstahl für ihn eine leichte Sache. Um seine Mutter Maia nicht un-

Merkur

nötig zu beunruhigen, schlüpfte er nach der Tat rasch durch das Schlüsselloch des heimatlichen Anwesens und legte sich wieder in die Windeln. Wie ein kleines Baby spielte er dann mit seinem Laken. Doch die Mutter war dem listigen Hermes auf die Schliche gekommen und schalt ihn kräftig.

Mittlerweile hatte der bestohlene Apollon auf der leeren Viehweide einen Vogel mit ausgebreiteten Flügeln gefunden; an diesem Zeichen erkannte er Hermes als den Dieb. Als Apollon den sich unwissend gebenden Hermes zur Rede stellte, antwortete dieser, daß er als kleines Kind doch nicht solch große Kühe stehlen könne. Er wolle nur schlafen und Muttermilch trinken; schließlich sei er erst einen Tag alt.

Als man Hermes dann vor den Thron des Zeus brachte, stritt er die Tat erneut ab, obwohl er mittlerweile überführt worden war, und hielt eine so geschickte Rede, daß ihm der Diebstahl schließlich verziehen wurde. Nach dem Tribunal führte Hermes den Apollon zu den Rindern, auch spielte er ihm etwas auf seiner Leier vor. Apollon war von dem Instrument derart fasziniert, daß er es unbedingt haben wollte. Damit aber hatte Hermes insgeheim gerechnet und tauschte die Leier gegen die Rinderherde und einen kostbaren Stab ein.

Hermes ist als ein nur einen Tag altes Kleinkind ohne Zweifel ein geistiger Frühentwickler, wie er nur in einem Mythos vorkommen kann. Die List mit den Schuhen verdeutlicht sein Kombinationsvermögen und seinen kaum zu übertreffenden Intellekt. Allerdings setzt er seine Fähigkeit auch zum Lügen ein (deshalb wurde er später zum Schutzpatron der Diebe und Betrüger). In seinen Reden erweist sich Hermes oft als Meister des Doppelsinns, worin er dem sprachlich ebenso geschickten Till Eulenspiegel gleicht. Hermes kann sich aber nicht nur verstellen und schlagfertige Verteidigungsreden halten, sondern stellt auch seine Fingerfertigkeit unter Beweis, indem er aus einem Schildkrötenpanzer eine Leier bastelt. Traditionell unterstehen dem Merkur Arme und Hände (die man Dieben früher oft abschlug). Unter sprachlichem Aspekt hat das intellektuelle *Begreifen* mit den Händen zu tun; neben der Sprache mit dem Mund dominiert Merkur daher die Sprache der Hände und des Gesichts (Gestik und Mimik), und es unterstehen ihm die Pantomime und der Sprechgesang.

Der von Apollon auf der Rinderweide gefundene Vogel mit ausgebreiteten Flügeln symbolisiert den Kopfschmuck des Hermes; er trug nämlich eine Kappe mit zwei Flügeln, die seine geistige Wendigkeit zum Ausdruck bringen sollten[44]. Seine körperliche Schnelligkeit wiederum macht ihn zum Gott des Verkehrs und der Reisenden. Zu guter Letzt zeigt sich, warum Hermes auch der Gott der Händler und Kaufleute ist. In einem ungleichen Tauschgeschäft handelt er Apollon die Rinderherde und zusätzlich noch einen goldenen Stab ab, der an den «Äskulapstab» der Ärzte erinnert. Wie wir schon früher gesehen haben, regiert Merkur nicht nur das Tierkreiszeichen Zwillinge, sondern auch das Jungfrau-Zeichen, das eine enge Verbindung zu Krankheit und Heilung hat.

Zum Abschluß unserer mythologischen Betrachtungen zu Merkur soll eine weitere Episode dessen intellektuelle Funktion aufzeigen. Als sich Herakles einst in den Hades (die Unterwelt) begab, um sich dem Höllenhund Kerberos zu stellen, glaubte er dort die schreckliche Medusa zu erblicken. Doch Hermes eilte herbei und flüsterte Herakles ins Ohr, daß er nur ein Gespenst gesehen habe. Demzufolge symbolisiert Hermes (oder Merkur) die Kraft, die uns zwischen Realität und Scheinwelt kritisch unterscheiden läßt.

In der heutigen Zeit steht Merkur leider auch für die Faktengläubigkeit der statistisch orientierten Wissenschaftler. Den unzähligen «Spezialisten» fehlt der Blick für die Ganzheit (Jupiter). Viele Menschen kümmern sich nur noch um das Nächstliegende, um den «Kleinkram».

Gegen alle möglichen Störungen hat der merkurbetonte Mensch schnell ein Rezept zur Hand, ohne sich jedoch über den Entwurf eines Gesamtkonzepts Gedanken zu machen. Er gleicht einem Autofahrer, der leichtfertig seinen Stadtplan wegwirft und sich dann mühsam von einer Straßenkreuzung zur nächsten durchfragen muß. In Shakespeares *«Wintermärchen»* sagt der Spitzbube Autolycus so treffend: «Mein Vater, der wie ich unterm Merkur geboren wurde, war ein Aufschnapper von Kleinigkeiten.» Oberflächlichkeit ist in der Tat die größte Gefahr des Merkur-Geborenen.

Berufs- und Lebensbereiche

Beruflich finden wir unter diesem Planeten vermittelnde und die Kommunikation betreffende Berufe. Im Horoskop des Schriftstellers Henry Miller befand sich Merkur in der zentralen Himmelsmitte. Bevor er als Schriftsteller wirkte, arbeitete er in vielen anderen Merkurberufen:

> Zeitungsausträger, Geschirrwäscher, Servierkellner, Botengänger, Plakatanschläger, Hotelpage, Stenotypist, Hilfsbibliothekar, Versicherungskassierer, Hilfskraft in einem statischen Büro..., Post- und Zeitungssortierer im Kriegsministerium in Washington, Billetlocher..., Schreibkraft bei einem Prediger, Werbetexter für ein Pariser Bordell, Milchausfahrer, Straßenbahnfahrer...[45]

Daneben arbeitete er auch noch in einem Buchvertrieb und als Angestellter einer Telegrammgesellschaft! Von allen hier aufgezählten Tätigkeiten, übte Miller die bei der Telegrammgesellschaft am längsten aus, nämlich ganze vier Jahre.

Als weitere Merkur-Berufe lassen sich noch aufzählen: Dolmetscher und Übersetzer, Drucker, Journalist, Graphologe, Sekretär, Lektor, Berufsberater, Taxifahrer und dergleichen mehr.

Medizinische Entsprechungen

Medizinisch entsprechen dem Merkur und dem Zeichen Zwillinge die Lunge, die Bronchien, die Arme, die Hände und die Nerven. Probleme mit der Atmung deuten hier oft auf Kommunikationsschwierigkeiten hin. Dem ebenfalls von Merkur regierten Zeichen Jungfrau ist, wie schon im entsprechenden Kapitel erwähnt, der Darm zugeordnet.

♀

Venus

Regentin von Stier und Waage

Bei Homer können wir nachlesen, daß Venus unter allen Planeten des Abendhimmels der schönste sei. Wer die Venus schon einmal nach Sonnenuntergang beobachtet hat, wird Homer zustimmen.

Die Signatur besteht aus einem Kreis (Geist), der auf einem Kreuz (Materie) steht. Hat der Kreis im Merkur-Symbol vermittelnde Aufgaben, so läßt sich aus der Position im Venus-Sigel seine Dominanz über die einschränkende Macht der Materie ableiten. Johannes Kepler schrieb über den Venus-Archetyp sehr treffend: «Bestünde dieses Urbild nicht, so könnte weder von Harmonie gesprochen werden, noch könnte jemals Harmonie die Seele erregen und bewegen.»[46]

Venus steht jedoch nicht nur für innere Harmonie, sondern auch für äußere Schönheit. Von den Wochentagen ist ihr der Freitag gewidmet, den unsere Vorfahren als «Tag der Liebe und Ehe» bezeichneten. Im französischen «vendredi» erkennen wir noch gut den «dies veneris». Das deutsche Wort «Freitag» wurde früher mit «y» geschrieben und verwies damit eindeutig auf die nordische Venus-Göttin Freya.

Freya war jedoch nicht nur die Göttin der Liebe (Venus), sondern auch die Schutzgöttin der Mütter (Mond). Ebenso sind Ischtar (babylonisch), Astarte (griechisch), Attar (aramäisch) und Astoreth (phönizisch) sowohl dem Mond- als auch dem Venus-Prinzip zugeordnet. Einige dieser Göttinnen wurden als «Gehörnte» bezeichnet und insbesondere von Kuhhirten verehrt; daran läßt sich ihre Verbindung zum Tierkreiszeichen Stier erkennen. Aphrodite und ihr römisches Pendant Venus hingegen haben eher Waage-Charakteristika.

Mittelalterliche Darstellungen zeigen Venus oft mit einer Pfauenfeder oder bekränzt mit Blumen. Der Pfau galt nicht nur als Symbol der Schönheit, sondern auch als «Vogel des Paradieses» und konnte daher nur Venus unterstellt sein. Manchmal sieht man Venus (Aphrodite) auch mit ihrem Sohn Amor (Eros) abgebildet, der mit Pfeil und Bogen das Liebesglück unter die Menschen bringt.

Anhand des Mythos von Aphrodite läßt sich die Symbolik der Venus besonders gut veranschaulichen. Von der Geburt der Göttin berichten drei Versionen, die alle auf ihre Art «stimmig« erscheinen.

Die erste Geschichte besagt, daß eine Taube ein am Ufer des Euphrat liegendes Ei ausbrütete, dem dann Aphrodite entschlüpfte; so wurde die Taube zum Symboltier der Göttin. Heute sehen wir diesen Vogel oft als «Friedenstaube», die den Abbau politischer Spannungen symbolisieren soll. Das Venus-Prinzip ist immer auf harmonischen Ausgleich bedacht. So ist es denn auch nicht verwunderlich, daß eine ihrer späteren Töchter «Harmonia» hieß.

Botticellis berühmtes Gemälde *«Die Geburt der Venus»* knüpft an eine andere Version an: Aphrodite entstieg auf der Insel Kythera einer Muschel. Von daher wird verständlich, weshalb ihr Perlen, Schmuck und Kosmetik zugeordnet werden.

Nach der dritten Schilderung schlug Kronos seinem Vater Uranos die Geschlechtsteile ab und warf sie ins Meer. Aus der unsterblichen Haut dieser Teile wurde unter Bildung von weißem Schaum (griechisch «aphros»)

Venus

Aphrodite geboren. Sie schwamm anschließend zur Insel Zypern, die ihr seit dieser Zeit geweiht ist. Von Anfang an war sie für alle Liebesangelegenheiten zuständig, für «das Geflüster der Mädchen, das Lachen und Schäkern, die süße Lust, die Liebe und die Milde».[47]

Als Aphrodite zum ersten Mal vor dem Götterrat erschien, wurde sie von allen geküßt, und jeder, der sie erblickte, wünschte sich nichts sehnlicher, als sie zur Frau zu haben.

Wenn Aphrodite sich verliebte, geschah es mit großer Leidenschaftlichkeit. Eine Ehe stellte dabei kein Hindernis für sie dar. Von einem Seitensprung mit dem wilden Ares (Mars) erfuhren wir schon im Kapitel über das Tierkreiszeichen Wassermann (Ehe mit Hephaistos).

Besonders heftige Zuneigung empfand Aphrodite für Adonis. Sie vernachlässigte all ihre Pflichten und folgte ihm auf Schritt und Tritt. Als sie gerade auf einem Schwan nach Zypern fliegen wollte, vernahm sie die schmerzerfüllten Rufe ihres bei einem Jagdunfall verletzten Geliebten. Als sie den Sterbenden sah, wollte die tief Verzweifelte ihn mit aller Macht am Leben erhalten, und sie sammelte sein Blut. Aus diesem Blut wuchsen bald Anemonen, Adonis jedoch konnte nicht mehr ins Leben zurückgeholt werden.

In dieser Adonis-Geschichte erkennen wir eine Gefahr des Venus-Prinzips, die wir schon beim Tierkreiszeichen Waage erwähnten: die pyschische Selbstaufgabe in der Beziehung zu anderen.

Auch die nächste Episode ist eine Liebesgeschichte: Als Aphrodite einst im Idagebirge den Hirten Anchises erblickte, nahm sie sich vor, ihn nach allen Regeln der Kunst zu verführen. Zunächst eilte sie nach Zypern zu ihrem Tempel in Paphos, wo sie sich von ihren Helferinnen baden und salben ließ. Mit einem kostbaren Gewand angetan und mit viel Schmuck behängt, kehrte sie zu Anchises zurück. Unterwegs folgten ihr schwanzwedelnd Wölfe, Löwen, Bären und Leoparden. Diese sonst unberechenbaren Tiere konnten sich an Aphrodites Schönheit nicht genug ergötzen.

Aphrodite betrat das Zelt des Anchises, gab sich aber nicht als Göttin zu erkennen; der Hirte war geblendet von ihrer Schönheit. Erst nach dem Beischlaf zeigte sich Aphrodite in ihrer wahren Gestalt. Anchises erschrak heftig, denn Sterbliche durften nie eine Göttin zur Geliebten haben. Im Zustand der Trunkenheit soll er später mit seinem Liebesabenteuer geprahlt haben und zur Strafe von einem Blitz gelähmt worden sein.

Die Geschichte von Anchises zeigt uns Venus als Verführerin. Besonders Frauen mit Venus am Aszendenten wirken oft unwiderstehlich auf Männer. Mit ihrem unfehlbaren ästhetischen Empfinden wählen sie immer das richtige Kleid und Make-up; sie sind «klassische Schönheiten». Auch venusgeprägte Männer besitzen oft feingeschnittene, schöne Gesichtszüge; wie auch Männer mit Mond am Aszendenten wirken sie häufig feminin. Beiden Geschlechtern gemeinsam ist ein außergewöhnliches Farb- und Formempfinden. Nicht nur im übertragenen Sinn treffen sie den «richtigen Ton», denn meist ist der Klang ihrer Stimme voll, weich und wohlklingend. Allerdings kann die Stimme auch unangenehm schmeichlerisch wirken. Ein weniger entwickelter Venus-Typus ist auch kein Kulturmensch, sondern bevorzugt «schwülstigen Kitsch».

Besonders anschaulich wird Aphrodites erotische Wirkung, wenn sogar Raubtiere die Waffen vor ihr strecken. Wir können uns daher gut vorstellen, wie selbst ein «Macho» zahm wird, sobald eine «Aphrodite» in seine Nähe kommt.

Auch Anchises konnte sich der weiblichen Ausstrahlung nicht entziehen. Weil er aber mit seinem Liebesglück prahlte, wurde er von einem Blitz getroffen. Symbolisch besagt dies, daß wir unserer Seele schaden, wenn wir tiefgehende Erfahrungen vor jedermann ausplaudern. Manche Erlebnisse gleichen kostbaren Edelsteinen, die man nur bei absolutem Vertrauen zum Gegenüber enthüllen sollte.

Wie der Mythos von Aphrodite lehrt, untersteht bei Venus der Anreiz zur Handlung dem Lustprinzip. Diesem Planeten sind auch alle schönen Dinge zugeordnet, insbesondere die Kunst, die jedoch bei mangelnder Aktivität und fehlendem Formwillen inhaltslos werden kann («l'art pour l'art»). Wo das Schönheitsprinzip übertrieben wird, trifft man auf Gefallsucht und Verweichlichung, und wie Aphrodite läßt man sich dann nur noch «baden» und «salben».

Berufs- und Lebensbereiche

Die folgenden Tätigkeitsbereiche sind dem Planten Venus zugeordnet: Kunst (etwa Malerei, Tanz, Stickerei, Kunstgewerbe und -handel, Dekoration, Farbgestaltung), Textil- und Modedesign, Heiratsvermittlung, Schmuckverkauf, Friseurhandwerk, Konditoreiwesen, Kosmetik, Innenarchitektur und Blumenzucht.

Medizinische Entsprechungen

Unter medizinischem Aspekt weiß der Volksmund zu berichten, daß Partnerkonflikte (Venus/Waage-Prinzip) «an die Nieren» gehen können. Der Zusammenhang zwischen Kontaktverhalten und Nieren läßt sich unter anderem an der Sitte erkennen, zusammen etwas trinken zu gehen. Neben den Nieren haben aber auch Gleichgewichts- und Hormonstörungen einen Bezug zu Venus und zu Waage. Dem anderen Venuszeichen, Stier, werden Hals, Nacken («Stiernacken») und Schilddrüse zugeordnet.

♂

Mars

Regent von Widder

Lernten wir im Zusammenhang mit Venus den harmonischen Ausgleich kennen, so konfrontiert uns ihr Gegenspieler Mars mit ungezügelter Energie. Das Ideogramm zeigt einen Pfeil, der über dem Geist (Kreis) steht und diesen somit dominiert. Der Pfeil im Mars-Symbol versinnbildlicht die vorwärts drängenden Triebkräfte. In der Biologie wird dieses Zeichen für das männliche Geschlecht verwendet.

Genau wie für Widder sind Wettstreit und Rivalität auch Stichworte für Mars. Dieser Kriegsgott verkörperte das Recht des Stärkeren. In der Natur unterstehen dem Planeten Mars die instinkthaften Reflexe, die das Überleben sichern, sowie die «natürliche Selektion»; es sind in erster Linie die kräftigen und gesunden Tiere, die den Bestand der Art erhalten.

Auch unter den Menschen herrscht noch oft das Recht des Stärkeren; doch dafür wird in einer sozialen und humanen Gesellschaft wohl irgendwann kein Platz mehr sein. Es fragt sich, ob Heraklits Ausspruch, demzufolge der Krieg der Vater aller Dinge ist, bis heute gilt oder ob der Philosoph Kant Recht hat, wenn er sagt: «Leidenschaften sind Krebsschäden für die reine praktische Vernunft.» Auf den meisten bildlichen Darstellungen sehen wir Mars als Krieger mit Schwert und Lanze; überhaupt wird diesem Planeten alles Spitze, Scharfe und Schneidende zugeordnet. Zur Untermalung alter jüdischer Sagen wurde er auch als Hahn abgebildet; Hähne gelten als besonders angriffslustige Tiere und werden bis heute für Hahnenkämpfe mißbraucht, so etwa auf der Insel Bali.

Der Mars-Wochentag ist der «dies martia» (französisch «mardi»), der Dienstag. Im Islam gilt er als «Tag des Blutes», weil Kain seinen Bruder

Abel an einem Dienstag erschlagen hat. Auch die Inder sehen in diesem Tag einen Unglückstag. Von den indischen Göttern ähneln Anagaraka, der rote Feuergott Agni und der Kriegsgott Kumara dem Mars.

Die Germanen nannten ihren Gott des Zweikampfes und des Streites Tyr. Das Metall Eisen, aus dem auch heute noch Angriffswaffen gemacht werden, untersteht traditionell dem Planeten Mars. Bei den Babyloniern war er unter dem Namen Nergal bekannt. Die Römer veranstalteten zu Ehren des Mars Wettrennen und Waffentänze. Er wurde auch als Frühlingsgott verehrt, weil er das Tierkreiszeichen Widder regiert.

Friedrich Schiller läßt Wallenstein im gleichnamigen Stück diesen Planeten als «tückischen Mars» und «alten Schadensstifter» bezeichnen. Des weiteren sagt Wallenstein über Mars:

> … lange war er feindlich mir gesinnt
> und schoß mit senkrecht oder schräger Strahlung,
> bald im Gevierten, bald im Doppelschein,
> die roten Blitze meinen Sternen zu
> und störte ihre segensvollen Kräfte.

Der berühmte Heerführer wird hier als Sternengläubiger dargestellt, der seine Probleme kausal mit planetaren Konstellationen verknüpft sieht. Einen berühmten Spruch der Römer scheint Wallenstein aber nicht gekannt zu haben: «Astra inclinunt, non necessitunt.» – Die Sterne zwingen

Mars

nicht, sie zeigen nur (eine Tendenz) an. Auch Shakespeare, der selbst an den freien Willen des Menschen glaubte, porträtierte einen solchen Fatalisten in «*Ende gut, alles gut*» (1. Akt, 1. Szene):

> Der Krieg hat Euch immer so heruntergebracht,
> daß ihr notwendig unterm Mars müßt geboren sein,
> als er am Himmel dominierte.

Etwas ausführlicher wollen wir nun auf Ares, den griechischen Mars, eingehen. Ares war der Sohn von Zeus und Hera. Weder seine Eltern noch die übrigen Götter waren gut auf ihn zu sprechen. Überall säte er Haß und Zwietracht; sein Name bedeutete Fluch und Gewalt. Krieg und Mord lagen ihm näher als moralische Erwägungen. Sein Wesen war wild und impulsiv. Homer berichtet in der *Ilias,* daß Ares brüllen konnte wie «neun- oder zehntausend Männer».

Auf der nach ihm benannten Insel Ares wurden Todesvögel aufgezogen, und er fütterte sie mit Menschenfleisch. Auch die meisten seiner Kinder waren blutrünstige Gesellen. So tötete sein Sohn Meleagros die Brüder seiner Mutter, weil man sich bei der Verteilung einer Jagdbeute nicht einigen konnte. Eine der Töchter des Ares, die Amazonenkönigin Penthesilea (griechisch «das Leid der Trauer»), widmete sich ebenfalls dem Kampf und starb auf dem Schlachtfeld.

Ganz nach seinem Vater Ares war Oinomaos geraten, der König von Pisa. Seine Tochter Hippodameia («die Roßbezwingerin») versagte er allen Freiern, um sie selber besitzen zu können. Die Heiratskandidaten unterwarf er einem typisch «marsischen» Ausleseverfahren: Es wurde ein Wettrennen mit Pferdewagen veranstaltet. Siegte der Freier, so konnte er Hippodameia zur Frau nehmen; siegte jedoch Oinomaos, dann durfte er den Bewerber abschlachten. Zwölf Köpfe hatte Oinomaos auf diese Weise schon «sammeln» können. Sie wurden zur Abschreckung an seinem Palast aufgehängt. Die Pferde, die er bei den Rennen benutzte, waren ein Geschenk seines Vaters Ares und konnten, so berichtet Homer, schneller laufen als der Wind. Als dreizehnter Freier meldete sich schließlich Pelops, der Poseidon, den Gott des Meeres (Neptun-Prinzip), um Hilfe bat. Da Poseidon wußte, daß die Rosse des Ares auf faire Art nicht zu besiegen waren, verfiel er auf Sabotage. Er schickte Pelop,s einen Gehilfen, der die Räder von Oinomaos' Wagen heimlich beschädigte.

Poseidons List verweist zwar auf problematische Neptun-Entsprechungen, Täuschung und Betrug, doch auf andere Weise war dem brutalen

Ares-Sohn nicht beizukommen. Oinomaos kam bei dem Rennen zu Tode, und seine Tochter fiel dem endlich gefundenen Gatten freudestrahlend in die Arme.

Auch Ares selbst unterlag seinen Gegnern immer dann, wenn diese sich eine List überlegt hatten. Rohe und blinde Kraft kann eben auf Dauer den Intellekt nicht ersetzen. So wurde er einmal von zwei Brüdern (den Aloaden) in einem Faß gefangen, aus dem ihn nur der schlaue Hermes befreien konnte – wer auch sonst? Daß die Verstandeskräfte der ungestümen Energie überlegen waren, zeigte sich erneut, als Ares im «automatischen Bett» von Hephaistos gefesselt wurde[48]. Wenn Ares einmal selbst körperlich verletzt wurde, etwa von Athene, wußte er sich meist nicht zu helfen, sondern wirkte konfus, ja sogar hilflos, und war auf den Beistand anderer angewiesen.

Der den Astrologen bekannte Zusammenhang zwischen Aggression, Zähnen und dem Planeten Mars zeigt sich in der Geschichte von Kadmos, der einen dem Ares gehörenden Drachen tötete. Athene, die Ares des öfteren ärgerte, riet Kadmos, die Zähne des Drachens über der Erde auszusäen, und eine Horde von Kriegern (Mars-Prinzip) wuchs daraus hervor. Als Kadmos einen Stein auf die Männer warf, glaubten sie irrtümlicherweise, es sei jemand aus den eigenen Reihen gewesen. Es brach ein Gemetzel aus, bei dem fast alle umkamen.

Auf drastische Weise beschreibt hier der Mythos die planlose und unbesonnene Aggression von Ares' Gefolgsleuten. Was die Zähne betrifft, so dienen sie Raubkatzen dazu, ihre Beute zu «reißen», und der Volksmund sagt, daß man jemandem «die Zähne zeigen» kann. Gebräuchlich ist auch der Ausdruck «Raubtiergebiß». Zahn- und Kieferprobleme deuten oft auf einen unnatürlichen Umgang mit Aggressionen hin (ungezügelte, aber auch unterdrückte Wut).

Bei der Einschätzung der Marsposition in Horoskopen sollte man mit Bewertungen vorsichtig sein. Allein das ethische Niveau des Horoskopeigners entscheidet, für welches Ziel und mit welchen Mitteln er seine Tatkraft einsetzt. Da Mars aber auch kinetische Energie repräsentiert, benötigen marsgeprägte Menschen meist viel Bewegung. Mitunter haben sie Probleme mit der Selbstdisziplin, und öfter einmal kann ihnen «der Gaul durchgehen». Sympathisch am Mars-Typus ist allerdings, daß er gerade heraus seine Meinung sagt und daß man weiß, woran man mit ihm ist.

Eines seiner Probleme besteht darin, innerlich zur Ruhe zu kommen. Erst wenn er mit seinem blindem Aktionismus einige Male ins offene Messer gelaufen ist, wird er – durch Schmerzen gezwungen – besonnener. Normalerweise ist Handeln hier immer Trumpf. Das «Hoppla-jetzt-komm-Ich» gehört ebenso dazu wie eine gewisse Intoleranz. Konflikte und Streitgespräche werden unter dem Symbol des Mars nicht als beängstigend, sondern geradezu als Lebenselixier betrachtet.

Ein im Horoskop «unterbelichteter» Mars kann auf mangelndes Selbstvertrauen und fehlenden Mut hinweisen. Zaghafte Menschen haben jedoch eher Mond oder Neptun als Mars am Aszendenten stehen. Einen positiven Aspekt von Mars erkennen wir in Hegels Worten:

> Es ist nichts Großes ohne Leidenschaft vollbracht worden,
> noch kann es ohne solche vollbracht werden.

Berufs- und Lebensbereiche

Was berufliche Tätigkeiten angeht, so sind dem Mars unter anderem die folgenden Bereiche zugeordnet: Not- und Rettungsdienste, besonders die Feuerwehr, Militär, Sport (Rennsport!), Chirurgie, Eisenverarbeitung (Schmied, Schlosser, Fräser, Graveur, Schweißer), Pyrotechnik, Metzgerei.

Medizinische Entsprechungen

In der Medizin entspricht Mars dem Zahn- und Kieferbereich; auch Schnittverletzungen, Kopfschmerzen, Fieber und Entzündungen gehören hierher, wobei entzündliche Prozesse meist auf Konflikte hinweisen, die man sich nicht eingestehen will.

♃

Jupiter

Regent von Schütze

Wenn man den Planeten Venus früher als «das kleine Glück» bezeichnete, so trug Jupiter den Beinamen «das große Glück». Letzteres bestand, und besteht, vor allem in der Chance zur Bewußtseinserweiterung.

In der Signatur sehen wir einen Halbkreis (Gefühl) und ein Kreuz (Materie und Einschränkung). Eindeutig erkennt man, daß sich der Halbkreis über das Kreuz erhebt. Die Dinge werden hier also nicht wie bei Saturn auf sachlich-emotionsloser Ebene, sondern aus einer übergeordneten Perspektive beurteilt; das materielle Sein wird überwunden.

Auf mittelalterlichen Bildern sieht man Jupiter oft als alten Mann, der auf einem Thron sitzt. Die linke Hand streckt er zum Segnen aus, während die rechte ein Zepter hält, das mit einer Lilie verziert ist. Die Lilie ist ein Symbol der Erhabenheit und der Macht der Götter. Den Römern galt sie als Sinnbild der Hoffnung, was gut zu der Tatsache paßt, daß Jupiter zukunftsgerichtet ist. Dieses Symbol findet man bei Zeus, beim römischen Jupiter und beim nordischen Thor. Alle drei Götter wurden auch mit einem Blitz dargestellt, und sie alle galten als Schöpfer des Donners.

Unser Wort «Donnerstag», früher Thorstag, geht auf die nordische Jupiter-Variante zurück[49]. In vielen Kulturen war am «dies jovis» das Arbeiten ganz oder teilweise verboten, da man ihn als einen Feiertag betrachtete. Noch im 18. Jahrhundert durfte man im Mecklenburgischen donnerstags manche Arbeiten nicht verrichten; in Schweden durfte man an diesem Tag kein Holz hacken und auch kein Garn spinnen. In Norwegen wurde bis zum Ende des 18. Jahrhunderts der Donnerstagvormittag wie ein Festtag begangen. Insbesondere war es untersagt, Lärm zu machen, da man Thor nicht erregen wollte. Thors Symbol war der Hammer, mit dem er sowohl Neuvermählte segnen als auch seine Macht demonstrieren konnte. Ebenfalls mit einem Hammer wurde der finnische Donnergott Uko abgebildet.

Allgemein galt der Donnerstag als Glückstag. Im Islam ging man davon aus, daß an diesem Tag die meisten Bitten und Gebete erhört wurden; zumindest soll sich der Prophet Mohammed in diesem Sinne geäußert haben. An einem Donnerstag ist Mekka von Mohammed erobert worden und Moses nach Ägypten ausgezogen.

Auch gibt es Parallelen zwischen dem astrologischen Jupiter und Hotei, dem Glücksgott der Japaner. Mit seinem dicken Bauch verkörpert er Fülle, Wohlwollen und Freude. Er schenkt Reichtum, ein langes Leben und viel Ehre. Sein Gesichtsausdruck ist immer freudestrahlend.

Die ägyptische Astrologie lehrte, daß der Planet Jupiter nicht nur einen schönen Körper verleihe, sondern auch Adel der Seele, Weisheit, die Gabe der Weissagung, Mut sowie priesterliche und königliche Würde. Wie wir sehen, gibt es gewisse Übereinstimmungen zwischen Sonne und Jupiter: Beide sind Regenten von Feuerzeichen und beide wurden früher als Könige dargestellt. Während die Sonne jedoch dem Urschöpferischen entspricht, das im Horoskop als Wesenskern eines Menschen sichtbar wird, offenbart Jupiter mehr das religiös-geistige Streben.

In der abendländischen Mythologie ähnelt Jupiter besonders dem kretischen Zeus, der später zum Vorbild für den griechischen Göttervater wurde und den man als «Verteidiger des Orakels» und «Herrn der Weis-

Jupiter

sagung» bezeichnete. Er war der erklärte «Stifter und Beschützer aller religiösen Satzungen zur Begründung der Kultur und Menschlichkeit».[50] Ebenfalls eine Verbindung zur Religion hat der römische Gott Jupiter; er war der Schutzgott des römischen Reiches, und seine Religion wurde zur Staatsreligion erhoben.

Wenden wir uns nun dem olympischen Zeus zu. Er war das Kind von Rhea und Kronos und wurde in Arkadien, dem Land, «in dem es keine Schatten gibt», geboren. Auf diesen Umstand weist auch Zeus' Name hin, denn Djeus bedeutet «Licht des Himmels».

Als Kind wurde er aus einem Ziegenhorn genährt, das später zum Symbol der Fülle und des Glücks wurde. Die Glücksgöttin Tyche (römisch «Fortuna») wurde fast immer mit einem Füllhorn abgebildet.

Sein Vater Kronos war ein machtbesessener Gott, der seine Kinder verschlang, um seine Herrschaft zu sichern. Nur Zeus konnte man vor ihm verstecken. Rhea gab Kronos statt des kleinen Sohnes einen Stein zu essen. Kronos bemerkte die List zu spät und konnte von dem herbeieilenden Zeus entmachtet werden. Dieser zwang seinen Vater, die verschlungenen Kinder wieder auszuspeien.

Damit erweist sich Zeus als weise und human. Er beendet die brutale Kronos-Herrschaft auf typisch jovische Weise, indem er seinen Vater großmütig begnadigt: Statt ihn umzubringen, schickt er ihn in die Verbannung, damit er Gelegenheit hat, sich zu bessern. Während Uranos und Kronos als Herrscher jeweils ihre Kinder auffressen, widersetzt sich Zeus dem Morden. Interpretiert man die verspeisten Kinder als Ego-Anteile, die der Macht geopfert werden, dann repräsentieren Zeus oder Jupiter auch das schulderlösende Prinzip.

Nach der Entmachtung seines Vaters wurde Zeus die Herrscherwürde vor allem deswegen zugesprochen, weil seine Geschwister ihn bewunderten und sich ihm freiwillig unterordneten. Jupiterbetonte Menschen haben oft eine natürlich-überlegene Ausstrahlung, so daß ihnen das zufällt, wofür andere kämpfen müssen. Dieses Glück kann sie aber auch zur Faulheit verführen.

Zeus trägt aus gutem Grund den Beinamen «Göttervater», denn die meisten Gestalten des Götterpantheons sind tatsächlich seine Kinder. Auch mancher berühmte menschliche Held stammt von ihm ab, etwa Perseus oder Herakles. Herakles rief zu Ehren seines Vaters die olympischen Spiele ins Leben, die den jovischen Gedanken zum Ausdruck bringen sollten. Zeus ist jedoch nicht nur weise und großzügig, sondern oft genug auch maßlos und unbeherrscht. An ihm lassen sich mindestens ebenso viele negative wie positive Jupiter-Entsprechungen feststellen. Wenn seine Herrschaft in Frage gestellt wird, kann er zu drakonischen Strafen greifen; meist jedoch begnadigt er seine Feinde nach kurzer Zeit. Auf seine zeitweilige Überheblichkeit spielt ein Spruch an, der sich auf sein römisches Pendant bezieht: «Quod licet jovi, non licet bovi.» (Was dem Jupiter erlaubt ist, darf noch lange nicht jedes Rindvieh.)

Alles in allem jedoch kann sich die Götterwelt über den Regierungsstil des Zeus nicht beklagen, denn unter Kronos ist das Leben sehr viel eingeschränkter gewesen. Zeus' Devise dagegen lautet wohl etwa: leben und leben lassen.

Ärgerlich wird Zeus allerdings, wenn sich ihm bei seinen Liebesabenteuern Hindernisse in den Weg stellen. Trotz seiner Ehe mit Hera befindet er sich auf dauernder Liebespirsch. Denkt man an die unglaubliche Anzahl seiner Verführungen, dann muß man Zeus auch auf diesem Gebiet als zur Übertreibung neigend ansehen. Betrachtet man zusammenfassend die zahlreichen Erzählungen über ihn, so kommt man zu dem Schluß, daß er trotz seiner Fehler ein sehr lebensbejahender Gott war.

Im Geburtshoroskop symbolisiert Jupiter das Streben nach dem Optimum. Er ist sowohl im wörtlichen als auch im übertragenen Sinn das raumgreifende und expansive Prinzip. Sven Hedin, der große Fernreisende und Kulturforscher, wurde geboren, als Jupiter am Aszendenten aufging, und der Spruch: «Reisen bildet», gehört ebenso zu Jupiter wie zu Schütze, dem von ihm regierten Tierkreiszeichen.

Darüber hinaus verkörpert Jupiter Ganzheitlichkeit, Ethik, Güte und vor allem den Glauben an das Gute im Menschen. Seine Grundnatur ist optimistisch. Unter seiner Regie findet die Synthese von Verstand und Herz statt.

Kritische Jupiter-Analogien sind dagegen Übertreibung, falsches Pathos, Schwelgerei und Völlerei, geistiger Hochmut und mangelnde moralische Glaubwürdigkeit. Negativ gelebt, verkehrt sich Jupiter oft in plumpe Aufschneiderei. Sprachlich hat sich die Tendenz zur Üppigkeit im französischen Wort «jupitriser» (ausschweifend leben) niedergeschlagen.

Berufs- und Lebensbereiche

In beruflicher Hinsicht werden Jupiter folgende Bereiche zugeordnet: Geographie, Theologie, Ethnologie, Philosophie, Hochfinanz, höhere Verwaltung, Stiftungswesen, Kulturinstitute (beispielsweise die Goethe-Institute), Volkshochschulen, Anwaltskanzleien, Pferdezucht und manchmal auch Obstanbau.

Medizinische Entsprechungen

Im Schütze-Mythos spielt bei Chiron eine Beinverwundung eine große Rolle; in vielen Versionen wird berichtet, daß Chiron am Oberschenkel getroffen wurde. Der medizinischen Astrologie zufolge unterstehen dem Tierkreiszeichen Schütze neben den Oberschenkeln die gesamte Bewegungsmuskulatur und Hüft- und Beckenerkrankungen. Der traditionellen Astrologie zufolge entspricht die Leber dem Jupiter-Prinzip. Leberbeschwerden stellen oft in verschlüsselter Weise Probleme bei der geistigen Sinnfindung dar.

♄

Saturn

Regent von Steinbock

Saturn verkörpert das Prinzip der Reduktion auf das Wesentliche, wie auch das Sigel deutlich zeigt. Es besteht zwar aus denselben Komponenten wie das des Planeten Jupiter, doch diese sind genau umgekehrt angeordnet: die einschränkende Materie (Kreuz) dominiert nun das Gefühl (Halbkreis). Ist mit Jupiter eine optimistische Grundstimmung angezeigt, so herrschen bei Saturn nüchterne Sachlichkeit oder sogar Pessimismus vor.

Viele Menschen können kaum nachvollziehen, was für den Astrologen selbstverständlich ist, daß nämlich so unterschiedliche Dinge wie die Statik eines Hauses, das Metall Blei, der Tod, die Zeit, die Schwerkraft, das Knochengerüst und der alte Mensch eng zusammengehören. In all dem erkennt der Astrologe mit seiner «vertikalen» Denkweise das Urbild Saturn. Naturwissenschaftliches Denken dagegen ist immer «horizontal» orientiert und untersucht beispielsweise alle Metalle, oder auch andere Dinge derselben Kategorie, auf ihre Unterschiede hin. Doch nur mit astrologischem «vertikalen» Denken ist zu erklären, warum die oben aufgezählten Dinge miteinander in Beziehung stehen. Darauf wollen wir jetzt näher eingehen.

Die Raumfahrtforschung hat festgestellt, daß die Schwerelosigkeit destabilisierend auf das Knochengerüst wirkt. Doch auch Patienten, die den ganzen Tag im Bett liegen, müssen eine schleichende Verringerung ihrer Knochensubstanz hinnehmen. Wie Versuche gezeigt haben, kann die Auflösung gestoppt werden, wenn sich der Kranke für wenigstens drei Stunden aufrecht auf den Boden stellen kann.

Schon die Astrologen der Antike haben auf die folgende Analogiekette hingewiesen: Alter–Saturn–Blei–Knochen. Erst heute werden ihre intuitiv gewonnenen Erkenntnisse durch die Wissenschaft bestätigt: Im Lauf des Lebens sammelt sich immer mehr Blei in den Knochen an. Entsprechende Analysen haben ergeben, daß die Knochen von alten Menschen wesentlich höhere Bleikonzentrationen enthalten als die von Jugendlichen[51].

Schon eine relativ kleine Dosis Blei ist lebensgefährlich, denn Blei ist ein giftiges Metall. Kronos (Saturn) schlägt seinem Vater mit einer Sichel die Genitalien ab und erweist sich damit ebenfalls als lebensfeindlich. Daß Saturn-Entsprechungen für uns nicht ausschließlich bedrohlich sein müssen, läßt sich ebenfalls am Blei demonstrieren. Dieses Metall weist eine extrem dichte Lagerung der Moleküle auf engstem Raum auf (Jupiter = Weitung, Saturn = Verengung) und ist deshalb undurchlässig für Strahlungen der verschiedensten Art. Wenn wir geröntgt werden, legt man über die nicht zu untersuchenden Körperpartien zum Schutz einen Bleimantel. Das Blei in den Abgasen der Autos ist dagegen schädlich.

Die Verbindung von Saturn zur Zeit und zum Tod veranschaulichen viele ältere Darstellungen. Wir sehen ihn als knöchrigen, greisen Sensenmann mit düsterer Miene, neben dem ein Stundenglas steht. «Deine Zeit ist abgelaufen», scheint er uns zuzurufen. Das Phänomen der Zeit konfrontiert uns unerbittlich mit dem Realiätsprinzip. Saturn beraubt uns aller Träume und stellt uns auf den Boden der Tatsachen – und gerade deswegen ist ihm auch die Schwerkraft zugeordnet. Nach allem, was wir jetzt schon über Saturn wissen, wird es uns nicht mehr überraschen, daß ihm in

Saturn

psychologischer Hinsicht die Schwermut zugeordnet wird. Albrecht Dürer versuchte, sie in seinem Bild *«Melencolia I»* zu porträtieren. In einer kunstgeschichtlichen Analyse kommen Panofsky und Saxl, die übrigens keine Astrologen sind, zu folgendem Schluß: «Es ist das Antlitz des alten Saturn, das uns anblickt; allein wir haben ein Recht, darin auch Dürers Züge wiederzuerkennen.»[52]

Ohne das Horoskop Dürers zu kennen, haben die Autoren den Nagel auf den Kopf getroffen: Sonne und Saturn stehen in Dürers Horoskop eng zusammen. Nach Panofsky und Saxl sieht man in Dürers porträtierten Gesichtern immer einen «tiefen Ernst»; auf vielen seiner Darstellungen häufen sich die Totenköpfe. Darüber hinaus belegen zahlreiche Gemälde, daß der Maler ein Meister der astrologischen Symbolik war.

Dürers Liebe zur Astrologie ging sogar so weit, daß er in einer Anleitung zur Erziehung von Malerlehrlingen das Geburtshoroskop als Grundlage des Unterrichts verwendet wissen wollte[53]. Pädagogische Anlagen korrespondieren ebenfalls mit dem Saturn-Prinzip. Menschen mit dominanter Saturn/Steinbock-Betonung wollen ihre Normen und Werte an andere weitervermitteln und ergreifen deshalb nicht selten den Lehrerberuf.

Die Römer bezeichneten Saturn als unglückbringendes Gestirn, «sidus triste saturni». Er galt als vegetationsfeindlich und kalt, weil er von den damals bekannten Planeten am weitesten von der Sonne entfernt ist. Die Ägypter schrieben ihm ebenfalls nur Unerfreuliches zu: Armut, ein mühevolles Leben, Verbannung, Trauer, Schmerz, Sklaverei und Verbrechen Der folgende Spruch ist auf einem österreichischen Bildkalender aus dem 16. Jahrhundert unter einer Abbildung des Saturn zu lesen:

> Haarig, nervig[54] alt und kalt,
> hinkend, stinkend, ungestalt
> bin ich und alle meine Kind',
> die unter mir geboren sind.

Es ist daher nur folgerichtig, wenn der Samstag, der «dies saturni», der auf englisch «saturday» heißt, als Unglückstag galt. Sechs islamische Propheten, unter ihnen auch Mohammed, wurden an einem Samstag von ihren Feinden überlistet. Es ist wohl begreiflich, daß man in diesem Kulturkreis auf den letzten Tag der Woche schlecht zu sprechen war.

Die Perser nannten Saturn Jima, die Babylonier Ninurtu. Auch die griechische Göttin Nemesis, die manchmal allerdings auch als unpersönliche (!) kosmische Kraft angesehen wurde, weist saturnische Merkmale auf.

Sie wachte eifrig darüber, daß keiner mehr Glück im Leben hatte, als ihm tatsächlich zustand. Ihr Name bedeutet «böses Schicksal». Sie bestrafte auch all jene, die den Göttern nicht den ihnen gebührenden Respekt entgegenbrachten. Damit machte sich Nemesis den saturnalen Autoritätsstandpunkt zu eigen. Auf «neudeutsch» entspricht Saturn auch der «normativen Kraft des Faktischen». Das Festhalten an formalistischem Paragraphendenken läßt, genau wie im Steinbock, keine Reformen zu.

Wir wenden uns nun auch noch kurz dem griechischen Gott Kronos zu. Die Kastration des Vaters durch Kronos erinnert an den Saturnkult Phrygiens, wo dieser Planet der Schutzherr der Eunuchen und Junggesellen war. Kronos' Lebensfeindlichkeit wird im Mythos zusätzlich durch das Verschlingen seiner Kinder versinnbildlicht. Die Legende weiß zu berichten, daß sich Himmel und Erde seit der blutigen Tat des Kronos (gemeint ist die Kastration) nicht mehr zur nächtlichen Begattung treffen; Kronos markiert das Ende der Urzeugung. Im Kapitel über Jupiter erwähnten wir, daß Kronos' Entmachtung durch einen verschluckten Stein eingeleitet wurde. Dazu muß man wissen, daß dem Saturn das Mineralreich untersteht. Im übertragenen Sinne sprechen wir oft davon, daß jemand wie versteinert wirkt. Im Mythos ist der Stein die Strafe für Kronos' Reformfeindlichkeit, nachdem er vorher mit einer steinernen (!) Sichel die Genitalien des Vaters abgetrennt hatte. Es bedarf Jahre zähen Kampfes, bis Kronos, nach einer Version des Mythos, in den Tartaros (das Unterweltsgefängnis) verbannt werden kann. Einer anderen Darstellung zufolge kommt Kronos später als Flüchtling nach Latium, wo er die Menschen Recht und Gesetz lehrt und ein ordentliches Leben führt.

Beide Versionen passen in die Saturn-Analogiekette. Die zuletzt angesprochene Variante zeigt, daß das Saturn-Prinzip, wenn es weise angewandt wird (im Mythos: unter der Herrschaft von Zeus/Jupiter), auch gute Früchte tragen kann. Kronos beweist, daß er die Lektionen der Vergangenheit gelernt hat. Die Weisheit, die oft durch schmerzliche Erfahrungen gewonnen wird, gehört zu den Qualitäten von Saturn.

Verglichen mit Aphrodite (Venus) und Zeus (Jupiter) ist Kronos ein eher gefühlskalter Gott. Der Mythos berichtet uns von nur einem einzigen Seitensprung (mit Philyra). Dieses Liebesabenteuer stellt die berühmte Ausnahme dar, die die Regel bestätigt. Saturn muß im Horoskop aber nicht immer für Einsamkeit und Askese stehen.

Esoterisch betrachtet, ist er der «Hüter der Schwelle» zwischen Diesseits und Jenseits. Wenn wir die Realitätsschranke des Saturn nach ernsthafter spiritueller Suche durchbrechen können, dann gewährt dieses planetarische Urbild die ungeschminkte, absolute Erkenntnis der Wahrheit. Um dorthin zu gelangen, wird es jedoch manchmal notwendig, ein «schmerzhaftes Tief» zu überwinden. Die Freude, die Saturn uns am Ende schenken kann, ist jedenfalls tiefgehend und dauerhaft, denn nichts ist befriedigender als erkennen zu dürfen, «was die Welt im Innersten zusammenhält».[55]

Auch wenn der von Saturn geprägte Mensch manchmal aussieht, als hätte er gerade saure Gurken gegessen[56], so befindet sich hinter der steinernen Fassade doch oft eine Seele, die zu erobern sich lohnt. Die treuesten Freunde findet man häufig unter den Saturn/Steinbock-Menschen. Es dauert zwar lange, bis das Eis taut und man mit ihnen menschlich «warm» wird, doch dann entdeckt man möglicherweise eine große geistige und seelische Tiefe. Bewundernswerte Fähigkeiten des Saturn-Typus sind stoische Ruhe, Selbstbesinnung, Konzentrationsfähigkeit und Geduld.

Problematische Entsprechungen sind Verdrängungen, Schuldgefühle, Selbstbeschränkung, Geiz, Mißtrauen und mangelnde Flexiblität (eine Haltung des «Entweder – Oder»).

Berufs- und Lebensbereiche

Zu den saturnischen Berufen zählen: Mathematiker, Baustatiker, Beamter, Bestatter, Landvermesser, Konservator, Archivar, Geologe, Mineraloge, Polizist, Pädagoge, Steinmetz, Bergarbeiter, Drucker, Gerber, Gerichtsvollzieher, Parkplatzwächter, Gefängniswärter und Schornsteinfeger.

Medizinische Entsprechungen

Im Kapitel über Steinbock war die Rede von der Verbindung dieses Zeichens zu den Knochen- und Gelenkerkrankungen, die seelische Unbeweglichkeit äußerlich sichtbar machen. Diese Entsprechung gilt auch für Saturn. Ferner stehen Saturn und Steinbock für alle Steinleiden, aber auch für Arterienverkalkung, Hautkrankheiten und Allergien. Die Haut gehört zum Urbild Saturn, weil sie uns vor Fremdeinflüssen schützt. Krankhafte Hautveränderungen deuten nicht selten an, daß sich der Betreffende seelisch zu sehr abgeschottet hat und tiefe Kontake als bedrohlich empfindet.

Uranus

Regent von Wassermann

Die drei Planeten Uranus, Neptun und Pluto, die sogenannten Transsaturnier, sind erst in den letzten zweihundert Jahren entdeckt worden. Sie sind mit bloßem Auge nicht am Himmel zu erkennen und waren im Altertum deshalb nicht bekannt – oder vielleicht doch?

Der kürzlich verstorbene Mystiker Friedrich Weinreb behauptete, daß die Geheimastrologie der Juden «von einem achten, einem neunten und einem zehnten Planeten» weiß, die «wir heute unter den Namen Uranus, Neptun und Pluto kennen. Man spricht im alten Wissen ganz selbstverständlich von ihnen und gibt auch an, wie sie ins Horoskop einzubeziehen sind, obwohl man sie am Himmel noch nicht sehen konnte. Auch den Chaldäern waren sie bekannt, wurden von ihnen aber nicht in die Deutung einbezogen»[57].

Die Astrologen gehen im allgemeinen davon aus, daß die zwölf Tierkreiszeichen nicht von nur zehn, sondern von zwölf Planeten regiert werden. Demnach müßte man annehmen dürfen, daß in Zukunft noch zwei weitere Planeten entdeckt werden. Friedrich Weinreb verblüfft uns nun mit der Angabe, daß auch diese zwei hypothetischen Planeten früher bereits bekannt waren:

> Das alte Wissen kennt... noch einen elften und zwölften Planeten... Die Umlaufzeiten dieser beiden Planeten haben eine noch viel längere Dauer als die Umlaufzeiten Plutos; sie ziehen ihre Bahnen in sehr weiter Entfernung. Aber im alten Wissen werden ihre Aspekte bei der Beurteilung eines Horoskops miteinbezogen.[58]

Da Weinreb uns leider keine weiteren Informationen gibt, müssen wir mit den uns bekannten Transsaturniern Vorlieb nehmen.

Im Ideogramm des Uranus erkennen wir eine kleine Sonne (Kreis mit Punkt) mit einem senkrecht nach oben zielenden Pfeil. Der Geist (Kreis) ist hier impulsiv (Pfeil) auf den Himmel ausgerichtet. Beim Mars-Symbol hingegen ist der Pfeil schräg gestellt und weist auf die Auseinandersetzung mit Irdischem hin. Dem Uranus-Prinzip entspricht die plötzlich aus dem Nichts erfolgende Eruption. Oft wird er auch als das «Umschwungbewirkende» oder «Revolutionäre» bezeichnet.

Die Tatsache, daß dieses Urbild erst 1781 als Planet entdeckt wurde, bedeutet keineswegs, daß es in früheren Jahrhunderten irrelevant gewesen wäre. Freiheitsbewegungen hat es seit jeher gegeben, wenn auch keine wie die Französische Revolution. Obwohl das Urbild Uranus immer schon *latent* in der Menschheit vorhanden war, drang es erst gegen Ende des 18. Jahrhunderts vollends in das Bewußtsein der Erdbewohner ein. Erst seit dieser Zeit gibt es auf der Welt echte Massendemokratien. Die uranischen Schlagworte «Freiheit, Gleichheit, Brüderlichkeit» lernten wir schon bei der Besprechung des Tierkreiszeichens Wassermann kennen, unter dem durch gesellschaftliche Veränderungen individuelle Freiheitsrechte erkämpft werden. In die Zeit der Entdeckung des Uranus durch den Astronomen Herschel fallen jedoch nicht nur die Französische Revolution, sondern auch der amerikanische Unabhängigkeitskrieg, die industrielle Revolution und die Entdeckung der Elektrizität. Nicht zu Unrecht sehen viele Betrachter in den zwei Wellen des Uranus-Zeichens (Wassermann) elektromagnetische Wellen.

Astronomisch betrachtet, stehen die neuentdeckten Planeten, setzt man sie in Relation zum gesamten Sonnensystem, im Goldenen Schnitt zu diesem. Erstaunliche Beziehungsverhältnisse ergeben sich für Uranus und Merkur, Neptun und Venus sowie Pluto und Mars. Einer der Pioniere der deutschen Astrologie, Thomas Ring, hat die drei transsaturnischen Planeten als «höhere Oktaven» bezeichnet; Uranus als höhere Oktave des Merkur erhebt das Denken. Jenseits des logischen Folgerns (Merkur) wird durch ein «Übersprungsdenken» (Fritz Riemann) die plötzliche Eingebung aus dem kosmischen Raum möglich (der Pfeil, der im Uranus-Sigel in den Himmel zielt).

Der Physiker und Mathematiker Karl Friedrich Gauß sagte einmal über ein mathematisches Problem: «Ich habe schon das Resultat, ich weiß nur noch nicht, wie ich dahin komme.» Der intuitive Geistesblitz war hier also schneller am Ziel als die herkömmliche Logik. Gauß hatte des öfteren solche Erlebnisse. Jahrelang brütete er über einer bestimmten Aufgabe, bis sich die Schwierigkeiten plötzlich innerhalb weniger Sekunden verflüchtigten: «Wie der Blitz einschlägt, hat sich das Rätsel gelöst.»[59] Auch von Brahms und Mozart ist bekannt, daß sie viele ihrer Kompositionen ganzheitlich schauten, bevor sie sich zum Komponieren niedersetzten.

Nach C. G. Jungs Synchronizitätstheorie geht die Astrologie davon aus, daß die Namensgebung der neuentdeckten Planeten nicht zufällig erfolgte, selbst wenn es nach außen hin so scheinen mag. Der 1781 entdeckte Planet wurde nicht nach seinem Entdecker «Herschel» genannt, was naheliegend gewesen wäre, sondern ihm wurde eine Bezeichnung aus der griechischen Mythologie gegeben.

Leider gibt uns die Legende nur wenige Informationen über Uranos. Der Name bedeutet «im Griechischen Himmel», was die geistig-intuitive Stoßkraft dieses Urbildes trefflich charakterisiert. Genau wie Hephaistos (Wassermann-Mythos) wurde Uranos von seiner Mutter (Gaia) geboren, ohne daß eine Befruchtung vorausgegangen war. Der Kosmos beinhaltet Männliches und Weibliches zugleich (Animus/Anima-Theorie) und kann sich deshalb autonom fortpflanzen. Die Geburt des Uranos vollzog sich urplötzlich aus dem Nichts heraus, so daß selbst seine Mutter Gaia völlig überrascht war. Er war für sie also «die unvorhergesehene Überraschung des Himmels».

Dann ließ Uranos einen warmen Regen auf seine Mutter niedergehen, mit dem er sie befruchtete. Aus dieser Art der Zeugung gingen Wasser, Erde, Pflanzen und eine Vielzahl bizarrer und seltsamer Geschöpfe hervor: Titanen, Kyklopen, Riesen mit fünfzig Köpfen und dergleichen mehr. Die Kyklopen hatten ein rundes Auge auf der Stirn. Die im Kapitel über das Tierkreiszeichen Löwe dargestellte Chakrenlehre läßt uns sofort an das «dritte Auge» denken, das sich an der Nasenwurzel befindet. Alle Menschen, nicht nur die Kyklopen, haben dort ein «Auge», mit dem sie sowohl auf spontane Weise wichtige Informationen erhalten, als auch «geistige Kinder» in die Welt setzen können.

Viele von Uranos' Kindern waren wild und unberechenbar. Der Vater lehnte sie ab und hielt sie vom Licht fern. Eines dieser vernachlässigten Kinder war der Titan Kronos. Auf Drängen seiner Mutter schlug er, wie schon mehrfach berichtet, seinem Vater die Geschlechtsteile ab. Aus den ins Meer geworfenen Genitalien wurde Aphrodite geboren. So wie er selbst ohne Befruchtung durch männlichen Samen zur Welt kam, so konnte er auch ohne geschlechtliche Vereinigung Geschöpfe in die Welt setzen. Zum wiederholten Male verweisen Parallelen zwischen Hephaistos und

Uranos auf die Bedeutung der geistigen Fruchtbarkeit des androgyn erschaffenen Menschen. (Hephaistos zeugte den Erichthonios, indem er seinen Samen auf die Erde fallen ließ.)

Psychologisch betrachtet, sind Menschen mit Uranus am Aszendenten oder an einer anderen bedeutsamen Stelle des Horoskops meist sehr impulsiv und unberechenbar. Ihr Unabhängigkeitswille schlägt oft in Lust am Opponieren um. Ein Kind mit dominantem Uranus fällt als «Zappelphilipp» auf. In den Horoskopen vieler Tänzer, etwa bei John Travolta oder Fred Astaire, findet man Uranus am Aszendenten: Hier wird motorische Unruhe ausagiert.

Aufschlußreich ist auch der Unterschied zwischen jovischem und uranischem Denken. Während die Erkenntnis unter Jupiter organisch heranreift, bricht sie unter Uranus spontan über jemanden herein.

Die Biographien von Uranus-Menschen weisen meist viele Entwicklungssprünge und plötzliche Lebenswenden auf. Wie dem Saturn- und dem Steinbock-Typus ist auch dem Uranus-Menschen das Körperliche eher fremd. In der allgemeinen Lebensweise jedoch wirken sich diese drei Prinzipien recht unterschiedlich aus: Im Gegensatz zum Saturn- oder Steinbock-Typus fehlt dem uranischen Menschen die Ausdauer; seine Wechselhaftigkeit und Unkonventionalität erstreckt sich oft auch auf den Partnerschaftsbereich. Dauerhafte Bindungen fallen ihm meist schwer und sexuell geht er gerne neue Wege. Wenn man auch nicht sagen kann, daß jeder uranusgeprägte Mensch homosexuell veranlagt ist, so gilt doch umgekehrt, daß in den Horoskopen gleichgeschlechtlich ausgerichteter Menschen der Planet Uranus fast immer eine auffällige Rolle spielt[60].

Eine lesbische Klientin, die Uranus am Aszendenten stehen hat, sah ihre Aufgabe darin, ihre Mitmenschen, etwa am Arbeitsplatz, ganz offen mit ihrer geschlechtlichen Andersartigkeit zu konfrontieren. Sie verabscheute es, vor anderen Versteck zu spielen. Ihr offensives Eintreten für die eigenen Freiheitsrechte ermutigte sie später, auch gegen soziale Diskriminierungen anderer Art öffentlich Stellung zu beziehen.

In der Musik entsprechen dem Uranus-Prinzip der abrupte Rhythmuswechsel, die Vortragsweise des Staccato und auch die Synkopen.

All dies charakterisiert etwa die Musik Igor Strawinskys, in dessen Horoskop Uranus am Aszendenten steht. Wer aufmerksam dem *«Feuervogel»* und besonders dem *«Sacre du printemps»* lauscht, wird dieses Planeten-Prinzip besser erfassen können als durch die Lektüre irgendeines Astrologiebuches. Strawinskys Musik animiert zur Bewegung und dient deshalb auch als Grundlage für Ballett-Choreographien. Nicht verwundern sollte den Leser die folgende Uranus-Analogiekette: Rhythmik–Tanz–Homosexualität. Der berühmte homosexuelle Tänzer Vaclav Nijinsky (Uranus am Imum Coeli, der Himmelstiefe, des Geburtsbildes) tanzte oft auf Strawinskys Musik und arbeitete viel mit ihm zusammen. Natürlich soll damit nicht gesagt sein, daß alle Tänzer homosexuell veranlagt sind, doch in diesem Berufsstand kommen gleichgeschlechtliche Neigungen überdurchschnittlich häufig vor. In der modernen Unterhaltungsmusik entspricht Uranus dem Jazz, vor allem dem Free Jazz.

Berufs- und Lebensbereiche

Im beruflichen Umfeld treffen wir unter Uranus Erfinder, Konstrukteure, «Berufsrevolutionäre», Sozialreformer, Tänzer, Clowns, Piloten, Elektriker, Physiker (theoretische Physik), Meteorologen und Programmierer an.

Medizinische Entsprechungen

Astro-medizinisch entsprechen Uranus und Wassermann Thrombosen und nicht selten auch nervöse Herzbeschwerden. Ferner müssen schwere Nervenkrankheiten organischer Herkunft (wie Multiple Sklerose, Parkinson, Epilepsie), aber auch solche psychischer Natur (wie etwa Schizophrenie und Hysterie) dem Planeten Uranus zugerechnet werden. Die Überbetonung des Nervlichen zeigt, daß der uranische Mensch körperliche und irdische Bedürfnisse weniger wichtig nimmt. Oft will der Geist hier mehr verwirklichen, als das Nervenkostüm verkraften kann; davon zeugen wohl auch die sogenannten «Tics».

♆

Neptun

Regent von Fische

Der Planet Neptun wurde im Jahr 1846 entdeckt – das Jahr, in dem in den USA zum ersten Mal ein Patient narkotisiert wurde. Die erste Äthernarkose überhaupt wurde vier Jahre zuvor in England vorgenommen. 1847 schließlich führte man die Chloroform-Narkose ein, die für sehr lange Zeit das Standardverfahren bleiben sollte. Ebenfalls seit dieser Zeit nutzt die Medizin die Droge Morphium als Schmerzmittel, dessen Kehrseite darin bestand, daß nicht wenige Patienten davon süchtig wurden.

In gesellschaftlicher Hinsicht war die zweite Hälfte des 19. Jahrhunderts durch eine starke Zunahme religiös orientierter Gruppen gekennzeichnet. Nicht nur die Theosophische Gesellschaft, sondern auch viele andere Vereinigungen mit spirituellen Zielen wurden ins Leben gerufen. In dieser Periode zog eine Welle des Okkultismus über viele Länder hinweg. Geisterbeschwörungen und Séancen waren in sogenannten «guten Kreisen» vielerorts an der Tagesordnung.

Das Neptun-Sigel besteht aus einem Kreuz (Materie) mit einem nach oben geöffneten Halbkreis (Gefühl), der das Kreuz überragt. Das Mond-Prinzip ist also stark vertreten; damit verliert die einschränkende Materie wesentlich an Bedeutung. Auch fällt auf, daß das Neptun- und das Jupiter-Symbol aus denselben Elementen bestehen, die aber unterschiedlich angeordnet sind. Wie man das Sigel auch interpretiert, man sieht doch immer eine deutliche Dominanz des Gefühlshaften.

Stellt Uranus die geistesblitzartige Erkenntnis dar, so hat Neptun eine auflösende und transzendentale Funktion. Neptun vergegenwärtigt die Sehnsucht nach der Verschmelzung mit dem Kosmos; er regiert das Wasserzeichen Fische und ist die höhere Oktave von Venus. So leuchtet es ein, daß ihm das Ahnen und Fühlen zugeordnet sind. Irdische Liebe (Venus), die nicht hält, was sie verspricht, kann sich zu kosmischer Liebe (Neptun) weiten. In der Spannweite dieses Oktavenverhältnisses entfaltet sich die menschliche Liebe. Die Negation des Neptun-Prinzips besteht in der Aufgabe des Ich durch Suchtverhalten und Flucht vor sich selbst. Letzlich jedoch resultiert jede Sucht aus nicht erfüllter Sehnsucht nach Liebe, die durch stoffliche Assimilation kompensiert wird.

In der Mythologie begegnen wir dem Neptun-Prinzip im griechischen Gott Poseidon und im römischen Neptun. Poseidon war ein Sohn von Kronos und Rhea. Bei der Aufteilung der Herrschaftsbereiche wurde ihm das Meer zugesprochen. Damit weist Neptun, wie das Tierkreiszeichen Fische, auf Psychisches hin. Symboltiere Poseidons waren der Delphin und das Pferd. Der Meergott war Herr über eine ganze Reihe von Seeungeheuern, zu denen auch Seekentauren (halb Pferd und halb Mensch) gehörten.

Die vielen Mythen, die der Leser bisher schon kennengelernt hat, werden ihn die Bedeutung der Seekentauren ahnen lassen: Die Leidenschaft (Pferd) betrifft hier weniger das Irdische als vielmehr den Bereich des Psychischen und Irrationalen (Ekstaseverlangen). Wer aber das Paranormale zu seinem Ziel macht, muß aufpassen, daß er keinem «esoterischen Egoismus» verfällt. Wer die Geister unbedacht ruft, wird sie nicht mehr los. Die größte Gefahr des Neptun-Einflusses besteht im «Entschweben» in unkontrollierbare Zustände. Wer Neptuns Früchte ernten will, muß immer die Balance zwischen der materiellen Wirklichkeit und ätherisch-astralen Welten halten.

Das Symbol Poseidons ist der Dreizack, den man auch im Sigel des Planeten deutlich wiedererkennen kann. Mit seiner Hilfe ließ der Gott des Meeres auf der Akropolis von Athen eine Quelle entspringen; im Mythos steht die Quelle meist für den psychischen Reichtum eines Menschen. Es spricht einiges dafür, daß der Mond das individuelle Unbewußte repräsentiert, während Neptun eher das kollektive Unbewußte verkörpert. Mit Neptun kann man zu den Archetypen der Menschheit vordringen, mit denen jedes Individuum verknüpft ist.

Poseidons Charakter ist äußerst zwiespältig. Er ist kein so «finsterer» Gott wie Hades (Pluto), doch er schreckt auch nicht davor zurück, andere zu täuschen und zu belügen. Meist agiert er aus dem Hintergrund, weil er seine wahren Motive nicht gern preisgibt. Etwas zu verschleiern, ist in der Tat ein typisch neptunischer Charakterzug. Da Poseidon auch das Spiel mit den Sinnestäuschungen perfekt beherrscht, kann er seine Kontrahenten oft verwirren. Wenn ihm jedoch wirklich jemand gefährlich wird, läßt er einfach den Wasserspiegel des Meeres ansteigen und überflutet die Ländereien seines Feindes. Sinnbildlich deuten diese Überschwemmungen auf die zu intensive Identifikation mit dem Irrational-Psychischen hin. Wer seine Probleme (Poseidons Feinde) nur durch «Überschwemmungen» (seelische Verdrängungen) lösen will, verhindert damit die Aussöhnung des Neptun-Prinzips mit dem Alltag.

Die Legende berichtet von vielen Liebschaften Poseidons. Besonders bekannt wurde die Verbindung mit Amphitrite, die ebenfalls im Meer zu Hause war. Der Erzählung zufolge waren es die klugen Delphine, die Poseidon das Versteck seiner Angebeteten verrieten. Diese Delphine symbolisieren demnach die Fähigkeit, sich in den Urtiefen der Psyche (Meer) auf intelligente Weise zu orientieren. Jeder Mensch besitzt einen solchen «Delphin», den er in seelischen Krisen nur um Rat zu bitten braucht...

Schließlich sei noch erwähnt, daß die Erzähler der Antike das Reich des Meergottes als grenzenlos bezeichneten. Darin erkennen wir erneut die Schrankenlosigkeit des menschlichen Geistes. Für den befreiten Geist existieren keine Grenzen.

Nun ist verständlich, warum Neptun in der Astrologie als Urbild der Transzendenz und Mystik gilt. Wie in Fische will die Seele hier mit dem All-Einen verschmelzen. «Wie die Flüsse, wenn sie im Meer aufgehen, Namen und Form verlieren, so geht der Weise, wenn er Namen und Form verloren hat, im höchsten himmlischen Geiste auf», lautet eine indische Weisheit. Auch Meister Eckehart, ein deutscher Mystiker, meinte Ähnliches, als er sagte: «Gott zu wissen ist weit weniger, als in Gott zu sein.»[61]

In der Musik entspricht Neptun ineinander übergehenden Tönen, die der Hörer nicht mehr klar voneinander unterscheiden kann. Dies trifft insbesondere auf die indische Raga-Musik zu; sphärenhafter kann Musik kaum noch sein. In der europäischen Musik läßt sich in Claude Debussys *«La Mer»* Neptunisches erfühlen. Unter den Instrumenten besitzt vor allem die Harfe eine Beziehung zu diesem Planeten.

In der Malerei erkennen wir das neptunische Urbild im Impressionismus wieder. Schon das Wort Impression, «flüchtiger Eindruck», sollte uns hellhörig (!) machen. Betrachtet man impressionistische Bilder, so gehen die Farbtöne oft ineinander über, und gegenständliche Formen sind kaum noch erkennbar; alles scheint zu «verschwimmen». Damit erweist sich Neptun wieder als der Auflöser des Formprinzips.

Aus einer dominanten Stellung des Planeten Neptun im Geburtsbild ergeben sich Probleme wie Antriebsschwäche, übertriebene Idealisierung der Wirklichkeit, Ichflucht, Tagträume, auch Täuschung und Betrug. Neptun am Aszendenten verleiht jedoch oft einen «sechsten Sinn» und starkes Mitgefühl.

Berufs- und Lebensbereiche

Zu den neptunischen Lebens- und Berufsbereichen gehören: Gaststättengewerbe, Spirituosenhandel, Parfümerien, Spionagewesen, Astrologie, Spiritismus und Okkultismus, Klöster, Sozialarbeit (etwa Drogen- oder Bewährungshilfe). Diese Entsprechungen gelten in gleicher Weise für das Tierkreiszeichen Fische.

Medizinische Entsprechungen

Medizinisch sind Neptun und Fische zuzuordnen: Süchte, Vergiftungen (auch Lebensmittelvergiftungen), Psychosen, Ödeme und Fußleiden. Fußprobleme deuten oft darauf hin, daß jemand auf «schwankendem Boden» steht und sein Verhältnis zur Realität klären sollte.

Pluto

Regent von Skorpion

Das Pluto-Sigel zeigt einen Halbmond, der von einem Kreis umschlossen ist. Gefühlshafte bildliche Vorstellungen (Mond) werden durch den Geist konzentriert zum Ausdruck gebracht. Dies eine Definition der Magie.

Pluto markiert die Transformation der Gefühle durch den Geist. Als Vorbedingung für diese Umwandlung kann der (symbolische) Tod angesehen werden. Auch im Tierkreiszeichen Skorpion entsteht das Neue erst nach dem Absterben des Alten.

Das hier gezeigte Pluto-Symbol ist nicht das einzige, das in der Astrologie benutzt wird. In den anderen Sigeln ist ebenfalls die skizzierte Grundbedeutung verschlüsselt. Manchmal wird die Position des Pluto im Horoskop auch nur mit einem großen «P» kenntlich gemacht. Endeckt wurde dieser Planet im Jahre 1930. Die Namensgebung erfolgte durch ein Schulmädchen aus Oxford. Obwohl damals niemand um die symbolische Bedeutung dieses Urbildes wußte, wurde als Namensvetter des Planeten «zielsicher» Pluto, der Gott der Unterwelt (griechisch «Hades»), erkoren und so die wohl passendste Wahl aus dem Götter-Pantheon getroffen.

Das lateinische «Pluto» bedeutet «Reichtum». Das Wort «Plutokratie» verweist daher auf eine Staatsform, die von der Menge des materiellen Besitzes ausgeht, der meist in Form von Geld ausgedrückt wird. Reichtum (Masse), Geld und Macht gehören in die Pluto-Analogiekette. Da Zuneigung und Sexualität häufig mit materiellen Zuwendungen erkauft werden – nicht nur im Bordell –, gehört auch die geschlechtliche Liebe hierher. Ebenso beruht die Machtstruktur einer Beziehung häufig auf sexueller Abhängigkeit.

Im Staat hängt die Macht heutzutage nicht ausschließlich vom Besitz, sondern zumeist auch von der Zustimmung der Masse ab. Der Literaturnobelpreisträger Elias Canetti gibt uns mit seinem Buchtitel *«Masse und Macht»* das Stichwort für eine genauere Untersuchung von Machtstrukturen. Die Entdeckung des Pluto geht mit einer epedemieartigen Ausbreitung des Faschismus in Europa einher: die Pfeilkreuzler (Ungarn), die Eiserne Garde (Rumänien), die Ustascha (Serbokroatien), die Schwarzhemden (Italien), der Francismus (Spanien) und schließlich der Nationalsozialismus in Deutschland sind Bewegungen derselben Zeit und desselben Geistes. Ihnen sind eine beängstigende Blut- und Bodenromantik und insbesondere an magische Zeremonien erinnernde Rituale gmeinsam.

Viele dieser Zeremonien erinnern eher an kultische Beschwörungen als an politische Versammlungen. Der magische Charakter des Faschismus wird auch durch die Verwendung von archaischen Symbolen (etwa Totenkopfschädeln) unterstrichen. Die nationalsozialistische Propaganda mit ihren massenpsychologisch geschickt inszenierten Großveranstaltungen beleuchtet auf gespenstische Weise die Entdeckung Plutos. Einer der dämonischsten Redner jener Zeit, Joseph Goebbels, hatte nicht nur Merkur (Sprache), sondern auch Sonne und Mars im Pluto-Zeichen Skorpion. Er verstand es in «brillanter» Weise, die Massen zu hypnotisieren. Gezielt arbeitete die Propaganda mit primitiven Bildern, nie mit Argumenten. Kaum eine andere Bewegung hatte jemals ein solch magisches Politikverständnis; es ist auch kein Geheimnis, daß viele NS-Größen Kontakte zu entsprechenden Zirkeln unterhielten. Der Nationalsozialismus als «Super-Gau» der Politik mündete in den Zweiten Weltkrieg, die bestialischste Auseinandersetzung, die die Menschheit bisher erlebt hat.

Interessant ist an dieser Stelle ein Vergleich der den Planeten Uranus und Pluto zugeordneten Ideologien. Dem Kommunismus (Uranus)[62] ging es um eine weltweite kollektive Befreiung des Individuums. «Proletarier aller Länder, vereinigt Euch!» lautete der Leitspruch für die internationale Umwälzung. Die Komintern (Kommunistische Internationale) versuchte dabei, die Parteien der einzelnen Länder zu koordinieren. Ganz im Gegensatz zum Kommunismus gab es zwischen den faschistischen Bewegungen nur zögernde Zusammenarbeit. Kooperation wäre, auch ideologisch gesehen, parodox gewesen, da jedes Volk von sich behauptete, das «Herrenvolk» zu sein, und seine Nachbarn als «minderwertig» abqualifizierte. Nur wenn es um den Machtausbau ging (Achsenbündnis Deutschland–Italien), war Zusammenarbeit möglich. Im Vergleich der Ideologien sieht man klar den ich-bezogenen plutonischen Absolutheitsanspruch.

Der in Osteuropa entstandene «Sozialismus» diskreditierte allerdings in der Praxis den uranischen Gedanken vollständig. Eine Untersuchung etwa des Stalinismus zeigt einen eindeutigen Umschwung von Uranus zu Pluto (Unterdrückung, Folter usw.). In ihrer theoretischen Basis hingegen unterscheiden sich Uranisches und Plutonisches sehr stark.

Ebenfalls in den dreißiger Jahren erforschte man fieberhaft die Kernspaltung. Die Frage, welche Nation als erste die Atombombe entwickeln würde, spielte dabei eine wesentliche Rolle. Atombomben werden mit Plutonium bestückt, was den Zusammenhang zwischen Pluto und Kernenergie verdeutlicht. Wer mit einer Atombombe drohen kann, besitzt ein Maximum an Macht.

Der Mythos berichtet, daß Hades (Pluto) der meistgehaßte Gott überhaupt war. Da er mit einer Tarnkappe auftrat, konnten ihn seine Gegner nur erahnen. Auch die Radioaktivität ist ein Feind, der sich mit einer «Tarnkappe» anschleicht: Man fühlt, schmeckt, hört und riecht sie nicht, und trotzdem ist sie lebensfeindlich. Atombomben und Kernkraftwerke funktionieren immer nur dank der sogenannten «kritischen Masse» des Reaktorkerns. Etwas typisch Plutonisches ist die Tatsache, daß eine scheinbar kleine und harmlose physikalische Reaktion ganze Landstriche verwüsten kann.

Numerologisch wird Pluto von der Null repräsentiert. Nullen links von einer Zahl verändern deren Wert nicht, doch rechts bewirken sie gigantische Wertsteigerungen. Mit dem hebräischen Buchstaben «Jod» läßt sich die plutonische Formel «Nichts = Alles» ebenso anschaulich demonstrieren. «Jod» an sich ist bedeutungslos, aber mit diesem Buchstaben werden ausnahmslos auch alle anderen gebildet!

Uranus, Saturn und Mars symbolisieren Gefahren, doch Pluto als höhere Oktave des Mars verkörpert die gewaltigsten und dämonischsten. Die Katastrophe von Tschernobyl ereignete sich erst, nachdem Pluto in das von ihm regierte Tierkeiszeichen Skorpion vorgerückt war. Ungefähr seit dieser Zeit wird die Weltbevölkerung von Aids berdroht. Nie wurde dem Menschen deutlicher vor Augen geführt, wie eng Eros und Thanatos (Todestrieb) miteinander verbunden sind. Bei der Namensgebung von Aids fällt auf, daß Homer den Unterweltsgott Hades als «Aides» bezeichnete. Nomen est omen…

So zerstörerisch wie die Atomenergie für die ganze Menschheit ist, so bedrohlich kann der leichtferige Umgang mit Antibiotika für den einzelnen sein. Das Penicillin wurde 1929 entdeckt, ein Jahr vor der Sichtung Plutos[63]! Das Bedrohliche an den Antibiotika besteht in der unterschiedslosen Zerstörung von Feind (Krankheitserreger) und Freund (lebensnotwendige Keime). Auch Hitler nahm die Vernichtung seines eigenen Volkes bewußt in Kauf – wer sich nicht als mächtig genug erwies, sollte auch nicht über Europa herrschen. Plutos Logik macht nie vor sich selber halt, sondern kalkuliert immer, wie auch im Fall der Atombomben und Kernkraftwerke, die eigene Zerstörung mit ein.

Nach der Einnahme von Antibiotika gleicht der Körper einem nuklearen Schlachtfeld. Es soll hier nicht bestritten werden, daß die Einnahme von Antibiotika mitunter unerläßlich ist; dennoch kommt diese Bezeichnung nicht von ungefähr: «anti bios» – gegen das Leben! Viele Alternativmediziner sehen im Gefolge der Anwendung von Antibiotika chronische Krankheiten und am Ende sogar Krebs entstehen[64].

Eine nicht zu leugnende Parallele zur Kernspaltung ist in der «Mutation» gesunder Zellen zu lebensfeindlichen Krebszellen zu sehen. Sie verhalten sich innerhalb des Zellverbandes ebenso aggressiv wie die «Krebsgeschwulst» des Faschismus im Verhältnis zu demokratischen Staaten. Die Krebszelle lebt auf Kosten der gesunden Zellen, indem sie sich von ihnen ernährt (Parasitentum). Thorwald Dethlefsen bezeichnet den Krebs als «pervertierte Liebe»; die Liebe ist egoistisch geworden, so wie die Krebszelle nur an sich selber «denkt». Bezeichnenderweise ist das Herz das einzige menschliche Organ, das nicht vom Krebs befallen werden kann. Mit Herzlichkeit und verstärkter Liebe kann man den Krebs überwinden. Manchmal ist die Sprache des Körpers verblüffend einfach zu deuten.

Dem Mythos zufolge hat Hades ein Liebesverständnis, das der Funktion einer Krebszelle entspricht. Von zärtlichen Umarmungen kann keine Rede sein: Hades liebt es, seine weiblichen «Objekte» zu vergewaltigen. Wer Pluto in seinem Leben negativ verwirklicht, für den wird er Haßliebe repräsentieren.

Jedes astrologische Prinzip hat sowohl positive als auch problematische Entsprechungen; das gilt natürlich auch für das Urbild Pluto. Gerade an der Krankheit Krebs lassen sich die von Pluto bereitgestellten Chancen aufzeigen. Selbsthilfegruppen in den USA versuchen, die Krankheit durch Suggestionsübungen in den Griff zu bekommen. In der Konzentration identifizieren sich die Menschen bildlich mit den bösartigen Zellen, und versuchen, sie zu einer Änderung ihres Tuns zu bewegen. Dies ist ein Heilungsversuch durch Imagination, und in diesem Wort versteckt sich auch etwas Magisches. Ein «Magus» (Magier) ist ein «Zauberer», der durch seine Gedankenenergie Materie willentlich beeinflußt. «Denken = Energie = Schwingung = Materie», lautet eine andere Pluto-Formel. Wenn der Leser sich nur zwei Minuten lang vorstellt, daß seine Fingerspitzen kribbeln, dann werden sie es tatsächlich tun! Die Unterscheidung in schwarze und weiße Magie hängt allein davon ab, ob die Motive des «Magiers» selbstlos oder egoistisch sind.

Der Vollständigkeit halber sollen auch Beispiele «unbewußter Magie» im Sinne von zwanghafter Gedankenausrichtung auf einen bestimmten Gegenstand erwähnt werden. Im Fall einer Scheinschwangerschaft etwa ist die Vorstellung, ein Kind in sich zu tragen, so intensiv, daß sich der Bauch der betreffenden Frau tatsächlich wölbt und ihr Körper die typische chemische Hormonzusammensetzung produziert, obwohl gar keine Befruchtung vorliegt. Ein anderes beeindruckendes Beispiel konnte man vor einiger Zeit den Tageszeitungen entnehmen: Einige Personen waren in den USA versehentlich in einem Kühlhaus eingesperrt worden. Trotz der abgeschalteten Kühlaggregate und einer konstanten Temperatur von etwa +10° Celsius wurden am nächsten Morgen ihre Leichen mit typischen Erfrierungssymptomen gefunden. Die Macht der «Einbildung» kann also nicht hoch genug eingeschätzt werden. Es ist schon dämonisch zu nennen, was der menschliche Geist alles bewirken kann. Wer seine «Einbildungskraft» positiv nutzt, kann viele Lebenskrisen leicht überwinden. Gerade in der gezielten Anwendung dynamischer Gedankenkräfte wird das Oktavenverhältnis von Pluto und Mars offensichtlich.

Aus all dem folgt, daß auch das Geistheilen dem Planeten Pluto untersteht. Durch die mächtigen Schwingungen des Heilers werden die Selbstheilungskräfte des Patienten aktiviert. Viele Geistheiler haben eine markante Pluto- oder Skorpion-Betonung. Gleiches gilt auch für die «Magier der Seele», die Psychologen, Psychiater und Psychoanalytiker. Mit ihrem «Röntgenblick» versuchen sie, bis auf den (Ab-)Grund unserer Seele zu schauen. Sie bewegen sich – genau wie Hades – in der «Unterwelt», denn sie beschäftigen sich mit tabuisierten Themen wie Haß, Neid, Eifersucht, mit Machtkämpfen und mit dem Mißbrauch der Sexualität. Dem Mythos zufolge waren all diese Dinge Attribute von Hades. Was die Rolle der Sexualität betrifft, so gilt für Pluto dasselbe, was im Kapitel über das Tierkreiszeichen Skorpion gesagt wurde.

Hades begegnete uns schon in einer früheren Erzählung, derzufolge er Persephone (Jungfrau-Prinzip) auf brutale Weise raubt. Sein Reich ist das der Toten. Steht Saturn für die ernüchternde Tatsache, daß jeder Mensch sterben muß (biologische Notwendigkeit), so geht es bei Hades (Pluto) um den Tod als Voraussetzung für eine Metamorphose. Symbolisch betrachtet, muß der Mensch unter Pluto seine eigene Negativität überwinden, um im Licht neu geboren werden zu können. Pluto bezeichnet im Horoskop nicht nur die größtmögliche Tiefe, sondern auch die maximale seelische Höhe. Im Gegensatz zu Neptun vollziehen sich bei Pluto Veränderungen nicht auf «sphärische» Art, sondern sie werden eher als apokalyptische Explosionen erlebt. Im übertragenen Sinn bleibt hier kein Stein auf dem anderen.

Durch Hades' Unterwelt strömen einige Flüsse, deren Namen uns nicht weiter überraschen werden: Pyriphlegethon («der wie Feuer Brennende»), Kokytos («der Beklagte»), Acheron («Fluß des Jammers»), Lethe («Fluß des Vergessens») und andere mehr. Der erste Fluß verweist auf die Notwendigkeit einer Katharsis, bevor man wieder aus der Unterwelt aufsteigen kann. Die Christen drücken diesen Gedanken der Seelenreinigung durch den Begriff des Fegefeuers aus. Der Fluß Lethe dagegen deutet auf die Phase hin, die die Seele unmittelbar vor ihrer neuen Inkarnation durchläuft. Sie vergißt hier ihre zumeist schmerzlichen Vorleben, um «unbelastet» in das bevorstehende Leben treten zu können.

Im Reich des Hades sind alle nur denkbaren symbolischen Seelenbilder vertreten: Wie bei den Vampiren wird dort beispielsweise das Blut von Jünglingen getrunken, außerdem begegnet man einer Unzahl von Dämonen und Ungeheuern – jeder von uns hat «Leichen im Keller liegen». Hades' Unterweltssitz liegt im Erebos («zugedecktes Land»): In der Tat decken wir unsere negativen Seiten gerne zu. Sinnfällig drückt dies der Mythos zusätzlich noch dadurch aus, daß man Hades immer nur mit abgewandtem Gesicht Opfergaben darreicht. Auch wird der Name von Hades niemals ausgesprochen – wieder ein eindeutiger Bezug zur magischen Interpretation der Wirklichkeit.

Auch heutzutage gibt es noch viele einfache Völker, bei denen jedes Stammesmitglied einen privaten und einen öffentlichen Namen trägt. Seinen eigentlichen, privaten Namen erwähnt man Fremden gegenüber nie, da man Angst hat, der Außenwelt dadurch Macht über sich zu verleihen. Hades' Name wurde deshalb verschwiegen, weil man durch die Nennung seine finstere Gegenwart heraufbeschworen hätte. Diesen neben Ares (Mars) am meisten gefürchteten Gott wollte man jedoch möglichst nicht in seiner Nähe haben.

Berufs- und Lebensbereiche

Folgende Berufs- und Lebensbereiche korrespondieren mit dem Planeten Pluto und dem Tierkreiszeichen Skorpion: Geistheilung, Pharmazie, Chemie, Alchemie, schwarze und weiße Magie, Atomindustrie, Psychiatrie,

Psychologie, Zuhälterei, Toiletten- und Kanalreinigung und überhaupt alles «Unterirdische».

Medizinische Entsprechungen
Astro-medizinisch finden wir unter Pluto und Skorpion vor allem Krankheiten des Genital- und Unterleibsbereiches, die oft auf einen problematischen Umgang mit der Sexualitit hinweisen. Weitere Entsprechungen sind Hämorrhoiden, Prostata, Harnröhre und Harnblase.

Anmerkungen

[1] Thomas Schäfer: *Astrologische Charakterskizzen,* München 1988, S. 167.

[2] Karl Kerényi: *Die Mythologie der Griechen,* 2 Bände, München 1988. Dieses Werk ist eine meiner Hauptquellen.

[3] Bei der Namensgebung standen die Fixsterngruppen Pate. Im Gegensatz zu den unsichtbaren Tierkreiszeichen sind die Sternbilder unterschiedlich groß.

[4] Roberto Sicuteri: *Astrologie und Mythos,* Freiburg 1983, S. 31.

[5] Herbert Frank: *Vincent van Gogh,* Reinbek 1976, S. 79f.

[6] Ebd., S. 90.

[7] Ebd., S. 13. Eine ausführliche Darstellung des Horoskops findet sich in meiner Artikelserie: *Die Kunst der Horoskopsynthese – Teil XII,* in *Meridian* 4/1989, S. 13–20.

[8] Fritz Riemann: *Lebenshilfe Astrologie,* München 1982, S. 81.

[9] Siehe mein Buch: *Astrologische Charakterskizzen,* München 1988, S. 93–115. Wagner hatte das Ästhetiksymbol Venus im Stier.

[10] Die Wirkung der Musik beschrieben habe ich auch in dem Aufsatz «Magische Kräfte», in *Jahrbuch der Esoterik,* Band III, hg. von Hartmut Radel, Münsingen-Bern, 1990.

[11] Wolfgang Schadewaldt: *Die Sternsagen der Griechen,* Frankfurt 1956, S. 61.

[12] Vgl. Hans Sterneder: *Der Schlüssel zum Tierkreisgeheimnis und Menschenleben,* Pfullingen 1956, S. 172.

[13] Liz Greene: *Schicksal und Astrologie,* München 1985, S. 291.

[14] Den Mond im Krebs hatte beispielsweise der Lyriker Charles Baudelaire. Eine ausführliche Horoskopbeschreibung findet man in meinem Buch: *Astrologische Charakterskizzen,* München 1988, S. 55–73.

[15] Vgl. Philipp Metmann: *Mythos und Schicksal,* Leipzig 1936, S. 129, sowie Roberto Sicuteri: *Astrologie und Mythos,* Freiburg 1983, S. 69.

[16] Ausführlicher auf die Funktion der Chakren eingegangen bin ich in meinem Buch: *Spirituelles Leben,* Münsingen-Bern 1990, im Kapitel über die Meditation.

[17] Giselher Wirsing: «Das Einhorn und die Jungfrau», in *Christ und Welt* vom 23. 12. 1966, S. 22.

[18] Erich von Beckerath: Geheimsprache der Bilder, Wien 1984, S. 171.

[19] Vgl. mein Buch: *Spirituelles Leben,* Münsingen-Bern 1990, das Kapitel über Sexualität.

[20] Liz Greene: *Schicksal und Astrologie,* München 1985, S. 306.

[21] Eine ausführliche Analyse über die zwölf Zeichen und die zugeordneten Apostel findet man bei Erich von Beckerath: *Geheimsprache der Bilder,* Wien 1984, S. 56.

[22] Liz Greene schließt sich dieser Interpretation nicht an. Vgl. *Schicksal und Astrologie,* München 1985, S. 323.

[23] Die Interpretation folgt weitgehend Hans Sterneder: *Der Schlüssel zum Tierkreisgeheimnis und Menschenleben,* Pfullingen 1956, S. 260f. Für die Bedeutung des Mistelspeeres hat Sterneder jedoch eine abweichende Deutung, vgl. dort S. 288.

[24] Ausführlich bin ich in meinem Buch: *Astrologische Charakterskizzen,* München 1988, S. 193–212 auf Sartre und Simone de Beauvoir eingegangen. Im Verneinenden und in ihrer Nähe zum Tod besitzen sowohl der Existenzialismus als auch Goethes *Faust* zusätzlich Bezüge zum Saturn/Steinbock-Prinzip.

[25] Ähnlich interpretiert Liz Greene die Faust-Legende in: *Schicksal und Astrologie,* München 1985, S. 335ff.

[26] In einigen Versionen ist es die Tochter.

[27] Vgl. mein Buch: *Spirituelles Leben,* Münsingen-Bern 1990, Kapitel VII.

[28] Dostojewski hatte die Sonne in Skorpion.

[29] Zwar muß in allen Tierkreiszeichen etwas geopfert werden, doch im Element Feuer ist dies besonders bedeutsam.

[30] Umgekehrt gleicht der Zwillinge-Typus oft einem pfiffigen Tausendsassa, der sich nur ungern mit höheren Lebenszielen befaßt.

[31] Vgl. Friedrich Weinreb: *Die Astrologie in der Jüdischen Mystik,* München 1982, S. 164ff., und: *Die Bibel,* Stuttgart 1929, S. 53f. Die Schreibweise der Namen folgt der der Bibel.

[32] Biographisch ist interessant, daß Adenauer, weil er Probleme mit der Wirbelsäule hatte, in seiner Jugend lange im Gipsbett liegen mußte. Im persönlichen Bereich war er eher reserviert. Daß man sich an seinen Ecken und Kanten stoßen konnte, ist bekannt.

[33] Bis zur Renaissance waren diese beiden Berufe immer identisch.

[34] J. B. Friedreich: *Die Weltkörper in ihrer mythisch-symbolischen Bedeutung,* Würzburg 1864, S. 157f.

[35] Friedrich Weinreb: *Die Astrologie in der Jüdischen Mystik,* München 1982, S. 57f.

[36] Ebd., S. 58.

[37] Zum Thema «Inkarnationszyklen» und «Astrologie und Reinkarnation» vgl. Kapitel IV in meinem Buch: *Spirituelles Leben,* Münsingen-Bern 1990.

[38] Roberto Sicuteri: *Astrologie und Mythos,* Freiburg 1983, S. 132f.

[39] Auf Vasenbildern wird er oft mit Delphinen gezeigt.

[40] Fritz Riemann: *Lebenshilfe Astrologie,* München 1982, S. 153f.

[41] Thomas Schäfer: *Astrologische Charakterskizzen,* München 1988, S. 167.

[42] Der Hymnus stammt aus der Bibliothek Asurbanipals und wurde von Craig in den *Babylonian Religious Texts II* veröffentlicht. Das deutsche Zitat stammt aus dem Buch von Otto Lanke: *Weltbild der Astrologie,* Diessen (bei München) 1956, S. 256.

[43] Da Vinci war eng mit dem berühmten Astrologen Konrad Türst befreundet, Dürer mit Willibald Pirkheimer. Vgl. Alfons Rosenberg: *Zeichen am Himmel,* Zürich 1949, S. 88.

[44] Auch der ägyptische Thot wurde mit einem Vogel (dem heiligen Ibis) abgebildet.

[45] Thomas Schäfer: *Astrologische Charakterskizzen,* München 1988, S. 33.

[46] Johannes Kepler: *Harmonices mundi,* IV. Kapitel, 1.

[47] Karl Kerényi: *Die Mythologie der Griechen,* Band I, München 1988, S. 58. In Ergänzung des Zitats sind auch die liebesfördernden Mittel, die sogenannten «Aphrodisiaka» zu erwähnen.

[48] Vgl. das Kapitel über den Wassermann.

[49] Die Zuordnung Thors zum Tierkreiszeichen Widder, wie sie Klein und Dahlke angeben, erscheint mir fraglich. Nicolaus Klein/Rüdiger Dahlke: *Das senkrechte Weltbild,* München 1986, S. 394.

[50] Zitat von Creutzer aus Fritz Werle: *Kosmos und Psyche,* Weilheim 1962, S. 148.

[51] Dennis Elwell: *Das kosmische Netzwerk,* Zürich 1988, S. 37 f.

[52] E. Panofsky/F. Saxl: *Melencolia I,* Leipzig, hier zitiert nach Erich von Beckerath: *Der dürersche Kupferstich B 79,* München 1973, S. 24.

[53] Konrad Lange und F. Fuhse: *Dürers schriftlicher Nachlaß,* Halle 1893, S. 283.

[54] «Nervig» bedeutete damals sehnig.

[55] Goethe (Saturn am Aszendenten) wurde von Schiller so charakterisiert: «Er selbst weiß sich immer frei zu behalten. Er macht seine Existenz wohltätig kund, aber wie ein Gott, ohne sich selbst zu geben.»

[56] Saure und herbe Speisen unterstehen ebenfalls Saturn.

[57] Friedrich Weinreb: *Die Astrologie in der Jüdischen Mystik,* 1982, S. 169.

[58] Ebd. S. 174. Aspekte sind Winkelbeziehungen zwischen Planeten. Eine Aspektübersicht mit Kurzdeutung findet sich in meinem Buch: *Astrologische Charakterskizzen,* München 1988, S. 16 und 215.

[59] Beide Gauß-Zitate stammen aus Thomas Ring: *Astrologische Menschenkunde,* Teil I, Freiburg 1981, S. 216.

[60] Zum Thema «Astrologie und Homosexualität» vgl. mein Buch: *Astrologische Charakterskizzen,* München 1988, S. 108.

[61] Zitiert nach H. A. Strauss: *Psychologie und astrologische Symbolik,* Zürich 1953, S. 104.

[62] Wie wir sahen, waren die Leitideen der Französichen Revolution sozialistisch-kommunistischer Art: Freiheit, Gleichheit und Brüderlichkeit. Noch heute erinnert die in sozialistischen Parteien übliche Anrede «Genosse» daran.

[63] Vgl. Jaap Huibers: *Gesund sein mit Metallen,* Freiburg 1981, S. 159.

[64] Selbstverständlich haben Krebserkrankungen vielfältige Ursachen.

Literaturverzeichnis

Beckerath, Erich von: *Geheimsprache der Bilder,* Wien 1984.

Bezold, Carl/Franz Boll/Wilhelm Gundel: *Sternglaube und Sterndeutung,* Darmstadt 1966.

Bittner, Karl Gustav: *Sternenweisheit und Mythos,* München 1932.

Bronsart, Dr. Huberta: *Kleine Lebensbeschreibung der Sternbilder,* Stuttgart 1963.

Dahlke, Rüdiger/Klein, Nicolaus: *Das senkrechte Weltbild,* München 1986.

Elwell, Dennis: *Das kosmische Netzwerk,* Wettswil 1988.

Friedreich, J. B.: *Die Weltkörper in ihrer mythisch-symbolischen Bedeutung,* Würzburg 1964.

Geißler, Horst Wolfram: *Astrologie – Geschichte, Entwicklung, Bedeutung,* Zürich 1982.

Greene, Liz: *Schicksal und Astrologie,* München 1985.

Huibers, Jaap: *Gesund sein mit Metallen,* Freiburg 1981.

Kepler, Johannes: *Warnung an die Gegner der Astrologie Tertius Interveniens,* München 1971.

Kerényi, Karl: *Die Mythologie der Griechen,* München 1988.

Knappich, Wilhelm: *Beiträge zur Geschichte der Astrologie,* München 1958.

Lankes, Otto: *Das Weltbild der Astrologie,* Gießen 1956.

Metmann, Philipp: *Mythos und Schicksal,* Leipzig 1936.

Parker, Derek und Julia: *Astrologie – Ursprung und Geschichte, Symbolik,* München 1988.

Peuckert, Will-Erich: *Astrologie,* Stuttgart 1960.

Riemann, Fritz: *Lebenshilfe Astrologie,* München 1982.

Ring, Thomas: *Astrologische Menschenkunde,* 4 Bände, Freiburg 1981.

Rosenberg, Alfons: *Zeichen am Himmel,* Zürich 1949.

Schadewaldt, Wolfgang: *Die Sternsagen der Griechen,* Frankfurt 1956.

Schäfer, Thomas: *Astrologische Charakterskizzen,* München 1988.

Schäfer, Thomas: *Spirituelles Leben,* Münsingen-Bern, 1990.

Sicuteri, Roberto: *Astrologie und Mythos,* Freiburg 1983.

Sterneder, Hans: *Der Schlüssel zum Tierkreisgeheimnis und Menschenleben,* Pfullingen 1956.

Strauß, Heinz Arthur/Strauß-Kloebe, Sigrid: *Die Astrologie des Johannes Kepler,* München und Berlin 1926.

Strauß, Heinz Arthur: *Der astrologische Gedanke in der deutschen Vergangenheit,* München und Berlin 1926.

Strauß, Heinz Arthur: *Psychologie und astrologische Symbolik,* Zürich 1953.

Weinreb, Friedrich: *Die Astrologie in der jüdischen Mystik,* München 1982.

Werle, Fritz: *Kosmos und Psyche,* Weilheim 1962.

Wolff-Beselin, Eva: *Sternbilder und ihre Geschichten,* Braunschweig 1958.

Zinner, Ernst: *Sternglaube und Sternforschung,* Freiburg 1953.

Dane Rudhyar/Leyla Rael-Rudhyar

Der Sonne/Mond-Zyklus

Ein Schlüssel zum Verständnis der Persönlichkeit

Format 17 x 24 cm, geb., 192 Seiten

ISBN 3-907029-06-2

Dennis Elwell

Das kosmische Netzwerk

Astrologie – eine neue Wissenschaft

Format 17 x 24 cm, geb., 224 Seiten

ISBN 3-907029-08-9

Eve Jackson

Jupiter

Der alte Wohltäter in einem neuen Licht

Format 17 x 24 cm, geb., 184 Seiten

ISBN 3-907029-07-0

Martin Freeman

Astrologische Prognosemethoden

Format 17 x 24 cm, geb., 152 Seiten

ISBN 3-907029-02-X

H. H. Schöffler

Gœthes Leben aus den Sternen

Kleines Lesebuch der Transitastrologie

Format 15 x 21 cm, kart., 208 Seiten

ISBN 3-907029-10-0

H. H. Schöffler

Mozart und die Musik der Sterne

Ein astrologischer Lebenslauf

Format 15 x 21 cm, kart., 170 Seiten

ISBN 3-907029-16-X

Jim Lewis / Ariel Guttman

Astro*Carto*Graphy-Atlas

Mit Horoskopen und Biographien

Format 21 x 28 cm, brosch., 328 Seiten

ISBN 3-907029-14-3

100 zeitgenössische Filmschauspieler und Filmschauspielerinnen

Lebensläufe und Horoskope

Format 21 x 29,7 cm, kart., 208 Seiten

ISBN 3-907029-09-7

100 Regisseure und klassische Filmschauspieler und Filmschauspielerinnen

Lebensläufe und Horoskope

Format 21 x 29,7 cm, kart., 208 Seiten

ISBN 3-907029-11-9